COLLECTION GÉNÉRALE

DES

DÉCRETS RENDUS PAR L'ASSEMBLÉE,

ET

SANCTIONNÉS OU ACCEPTÉS PAR LE ROI.

IIIᵉ. PARTIE.

A PARIS,

Chez BAUDOUIN, Imprimeur de l'ASSEMBLÉE
NATIONALE, rue du Foin Saint-Jacques, Nᵒ. 31.

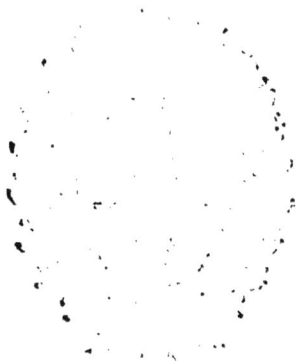

⚜ LA ⚜ LOI ⚜ ET ⚜ LE ⚜ ROI. ⚜

DISCOURS

*PRONONCÉ par le Roi à l'Assemblée Nationale,
le 4 Février 1790, au matin.*

Messieurs,

La gravité des circonstances où se trouve la France, m'attire au milieu de vous. Le relâchement progressif de tous les liens de l'ordre & de la subordination, la suspension ou l'inactivité de la Justice, les mécontentemens qui naissent des privations particulières, les oppositions, les haines malheureuses qui sont la suite inévitable des longues dissentions, la situation critique des Finances, & les incertitudes sur la fortune publique, enfin, l'agitation générale des esprits, tout semble se réunir pour entretenir l'inquiétude des véritables amis de la prospérité & du bonheur du Royaume.

Un grand but se présente à vos regards, mais il faut y atteindre sans accroissement de trouble & sans nouvelles convulsions. C'étoit, je dois le dire, d'une manière plus douce & plus tranquille que j'espérois vous y conduire, lorsque je formai le dessein de vous rassembler & de réunir, pour la félicité publique, les lumières & les volontés des Représentans de la Nation ; mais mon bonheur & ma gloire ne sont pas moins étroitement liés au succès de vos travaux.

Je les ai garantis, par une continuelle vigilance, de l'influence funeste que pouvoient avoir sur eux les circons-

tances malheureuses au milieu defquelles vous vous trou-
viez placés. Les horreurs de la difette que la France avoit
à redouter l'année dernière, ont été éloignées par des
foins multipliés & des approvifionnemens immenfes. Le
défordre que l'état ancien des Finances, le difcrédit,
l'exceffive rareté du numéraire, & le dépériffement gra-
duel des revenus devoient naturellement amener ; ce défordre, au moins dans fon éclat & dans fes excès, a été
jufqu'à préfent écarté. J'ai adouci par-tout, & principalement dans la Capitale, les dangereufes conféquences du
défaut de travail ; & nonobftant l'affoibliffement de tous
les moyens d'autorité, j'ai maintenu le Royaume, non
pas, il s'en faut bien, dans le calme que j'euffe defiré,
mais dans un état de tranquillité fuffifant pour recevoir
le bienfait d'une liberté fage & bien ordonnée : enfin,
malgré notre fituation intérieure généralement connue,
& malgré les orages politiques qui agitent d'autres Nations, j'ai confervé la paix au dehors, & j'ai entretenu
avec toutes les Puiffances de l'Europe les rapports d'é-
gards & d'amitié qui peuvent rendre cette paix durable.

Après vous avoir ainfi préfervés des grandes contra-
riétés qui pouvoient fi aifément traverfer vos foins &
vos travaux, je crois le moment arrivé où il importe à
l'intérêt de l'État que je m'affocie, d'une manière encore
plus expreffe & plus manifefte, à l'exécution & à la réuf-
fite de tout ce que vous avez concerté pour l'avantage
de la France. Je ne puis faifir une plus grande occafion
que celle où vous préfentez à mon acceptation, des Décrets deftinés à établir dans le Royaume une organifation
nouvelle, qui doit avoir une influence fi importante &
fi propice fur le bonheur de mes Sujets & fur la profpérité de cet Empire.

Vous favez, Meffieurs, qu'il y a plus de dix ans, &
dans un temps où le vœu de la Nation ne s'étoit pas
encore expliqué fur les Affemblées Provinciales, j'avois

commencé à substituer ce genre d'administration à celui qu'une ancienne & longue habitude avoit consacré. L'expérience m'ayant fait connoître que je ne m'étois point trompé dans l'opinion que j'avois conçue de l'utilité de ces établissemens, j'ai cherché à faire jouir du même bienfait toutes les Provinces de mon Royaume ; & pour assurer aux nouvelles Administrations la confiance générale, j'ai voulu que les Membres dont elles devoient être composées, fussent nommés librement par tous les Citoyens. Vous avez amélioré ces vues de plusieurs manières, & la plus essentielle, sans doute, est cette subdivision égale & sagement motivée, qui, en affoiblissant les anciennes séparations de Province à Province, & en établissant un système général & complet d'équilibre, réunit davantage à un même esprit & à un même intérêt toutes les parties du Royaume. Cette grande idée, ce salutaire dessein vous sont entièrement dus ; il ne falloit pas moins qu'une réunion de volontés de la part des Représentans de la Nation ; il ne falloit pas moins que leur juste ascendant sur l'opinion générale, pour entreprendre avec confiance un changement d'une si grande importance, & pour vaincre, au nom de la raison, les résistances de l'habitude & des intérêts particuliers.

Je favoriserai, je seconderai par tous les moyens qui sont en mon pouvoir, le succès de cette vaste organisation, d'où dépend à mes yeux le salut de la France ; & je crois nécessaire de le dire, je suis trop occupé de la situation intérieure du Royaume, j'ai les yeux trop ouverts sur les dangers de tout genre dont nous sommes environnés, pour ne pas sentir fortement que, dans la disposition présente des esprits, & en considérant l'état où se trouvent toutes les affaires publiques, il faut qu'un nouvel ordre de choses s'établisse avec calme & avec tranquillité, ou que le Royaume soit exposé à toutes les calamités de l'anarchie.

4

Que les vrais citoyens y réfléchissent, ainsi que je
l'ai fait , en fixant uniquement leur attention sur le
bien de l'Etat , & ils verront que, même avec des
opinions différentes , un intérêt éminent doit les réunir
tous aujourd'hui. Le temps réformera ce qui pourra
rester de défectueux dans la collection des loix qui auront été l'ouvrage de cette Assemblée ; mais toute en-
treprise qui tendroit à ébranler les principes de la
Constitution même, tout concert qui auroit pour but
de les renverser , ou d'en affoiblir l'heureuse influence,
ne serviroient qu'à introduire au milieu de nous les
maux effrayans de la discorde, & en supposant le succès
d'une semblable tentative contre mon peuple & moi ,
le résultat nous priveroit, sans remplacement , des divers
biens dont un nouvel ordre de choses nous offre la
perspective.

Livrons-nous donc de bonne foi aux espérances que
nous pouvons concevoir, & ne songeons qu'à les réa-
liser par un accord unananime. Que par-tout on sache
que le Monarque & les Représentans de la Nation
sont unis d'un même intérêt & d'un même vœu, afin
que cette opinion, cette ferme croyance répandent
dans les Provinces un esprit de paix & de bonne volonté, & que tous les citoyens recommandables par
leur honnêteté, tous ceux qui peuvent servir l'Etat
essentiellement par leur zèle & par leurs lumières,
s'empressent de prendre part aux différentes subdivi-
sions de l'administration générale, dont l'enchaînement
& l'ensemble doivent concourir efficacement au rétablissement de l'ordre & à la prospérité du Royaume.

Nous né devons point nous le dissimuler ; il y a
beaucoup à faire pour arriver à ce but. Une volonté
suivie, un effort général & commun , sont absolument
nécessaires pour obtenir un succès véritable. Continuez
donc vos travaux, sans autre passion que celle du bien ;

fixez toujours votre première attention sur le sort du peuple & sur la liberté publique ; mais occupez vous aussi d'adoucir, de calmer toutes les défiances, & mettez fin, le plus tôt possible, aux différentes inquiétudes qui éloignent de la France un si grand nombre de ses citoyens, & dont l'effet contraste avec les loix de sûreté & de liberté que vous voulez établir. La prospérité ne reviendra qu'avec le contentement général. Nous appercevons par-tout des espérances ; soyons impatiens de voir aussi par-tout le bonheur.

Un jour, j'aime à le croire, tous les François indistinctement reconnoîtront l'avantage de l'entière suppression des différences d'Ordre & d'état, lorsqu'il est question de travailler en commun au bien public, à cette prospérité de la patrie qui intéresse également tous les citoyens, & chacun doit voir sans peine que, pour être appellé dorénavant à servir l'Etat de quelque manière, il suffira de s'être rendu remarquable par ses talens ou par ses vertus.

En même-temps néanmoins, tout ce qui rappelle à une Nation l'ancienneté & la continuité des services d'une race honorée, est une distinction que rien ne peut détruire ; &, comme elle s'unit aux devoirs de la reconnoissance, ceux qui, dans toutes les classes de la société, aspirent à servir efficacement leur patrie, & ceux qui ont eu déjà le bonheur d'y réussir, ont un intérêt à respecter cette transmission de titres ou de souvenirs, le plus beau de tous les héritages qu'on puisse faire passer à ses enfans.

Le respect dû aux Ministres de la religion ne pourra non plus s'effacer ; & lorsque leur considération sera principalement unie aux saintes vérités qui font la sauvegarde de l'ordre & de la morale, tous les citoyens honnêtes & éclairés auront un égal intérêt à la maintenir & à la défendre.

A 5

Sans doute, ceux qui ont abandonné leurs privilèges pécuniaires, ceux qui ne formeront plus, comme autrefois, un Ordre politique dans l'État, se trouvent soumis à des sacrifices dont je connois toute l'importance ; mais, j'en ai la persuasion, ils auront assez de générosité pour chercher un dédommagement dans tous les avantages publics dont l'établissement des Assemblées Nationales présente l'espérance.

J'aurois bien aussi des pertes à compter, si, au milieu des plus grands intérêts de l'État, je m'arrêtois à des calculs personnels ; mais je trouve une compensation qui me suffit, une compensation pleine & entière dans l'accroissement du bonheur de la Nation, & c'est du fond de mon cœur que j'exprime ici ce sentiment.

Je défendrai donc, je maintiendrai la liberté constitutionnelle, dont le vœu général, d'accord avec le mien, a consacré les principes. Je ferai davantage, & de concert avec la Reine, qui partage tous mes sentimens, je préparerai de bonne heure l'esprit & le cœur de mon fils au nouvel ordre de choses que les circonstances ont amené. Je l'habituerai dès ses premiers ans à être heureux du bonheur des François, & à reconnoître toujours malgré le langage des flatteurs, qu'une sage Constitution le préservera des dangers de l'inexpérience, & qu'une juste liberté ajoute un nouveau prix aux sentimens d'amour & de fidélité, dont la Nation, depuis tant de siècles, donne à ses Rois des preuves si touchantes.

Je ne dois point le mettre en doute ; en achevant votre ouvrage, vous vous occuperez surement avec sagesse & avec candeur de l'affermissement du Pouvoir exécutif, cette condition sans laquelle il ne sauroit exister aucun ordre durable au dedans ni aucune considération au dehors. Nulle défiance ne peut raisonna-

blement vous rester ; ainsi il est de votre devoir, com-
Citoyens & comme fidèles Représentans de la Nation,
d'assurer au bien de l'Etat & à la liberté publique cette
stabilité qui ne peut dériver que d'une autorité active
& tutélaire. Vous aurez sûrement présent à l'esprit
que, sans une telle autorité, toutes les parties de votre
système de Constitution resteroient à la fois sans lien
& sans correspondance ; & en vous occupant de la liberté
que vous aimez & que j'aime aussi, vous ne perdrez
pas de vue que le désordre en administration, en ame-
nant la confusion des Pouvoirs, dégénère souvent,
par d'aveugles violences, dans la plus dangereuse &
la plus alarmante de toutes les tyrannies.

Ainsi, non pas pour moi, Messieurs, qui ne compte
point ce qui m'est personnel près des loix & des insti-
tutions qui doivent régler le destin de l'Empire, mais
pour le bonheur même de notre Patrie, pour sa prospérité, pour sa puissance, je vous invite à vous affran-
chir de toutes les impressions du moment, qui pourroient vous détourner de considérer dans son ensemble
ce qu'exige un Royaume tel que la France, & par sa
vaste étendue, & par son immense population, & par
ses relations inévitables au dehors.

Vous ne négligerez point non plus de fixer votre
attention sur ce qu'exigent encore des Légiflateurs, les
mœurs, le caractère & les habitudes d'une Nation devenue trop célèbre en Europe par la nature de son
esprit & de son génie, pour qu'il puisse paroître indif-
férent d'entretenir ou d'altérer en elle les sentimens
de douceur, de confiance & de bonté qui lui ont valu
tant de renommée.

Donnez-lui l'exemple aussi de cet esprit de justice
qui sert de sauve-garde à la propriété, à ce droit res-
pecté de toutes les Nations, qui n'est pas l'ouvrage du
hasard, qui ne dérive point des privilèges d'opinion,

mais qui se lie étroitement aux rapports les plus essentiels de l'ordre public & aux premières conditions de l'harmonie sociale.

Par quelle fatalité, lorsque le calme commençoit à renaître, de nouvelles inquiétudes se sont-elles répandues dans les Provinces ! Par quelle fatalité s'y livre-t-on à de nouveaux excès ! Joignez-vous à moi pour les arrêter, & empêchons de tous nos efforts que des violences criminelles ne viennent souiller ces jours où le bonheur de la Nation se prépare. Vous qui pouvez influer par tant de moyens sur la confiance publique, éclairez sur ses véritables intérêts le Peuple qu'on égare, ce bon Peuple qui m'est si cher, & dont on m'assure que je suis aimé, quand on veut me consoler de mes peines. Ah ! s'il savoit à quel point je suis malheureux à la nouvelle d'un injuste attentat contre les fortunes, ou d'un acte de violence contre les personnes, peut-être il m'épargneroit cette douloureuse amertume !

Je ne puis vous entretenir des grands intérêts de l'Etat, sans vous presser de vous occuper, d'une manière instante & définitive, de tout ce qui tient au rétablissement de l'ordre dans les finances, & à la tranquillité de la multitude innombrable de Citoyens qui sont unis par quelque lien à la fortune publique. Il est temps d'appaiser toutes les inquiétudes ; il est temps de rendre à ce Royaume la force de crédit à laquelle il a droit de prétendre. Vous ne pouvez pas tout entreprendre à la fois : aussi je vous invite à réserver pour d'autres temps une partie des biens dont la réunion de vos lumières vous présente le tableau ; mais, quand vous aurez ajouté à ce que vous avez déjà fait, un plan sage & raisonnable pour l'exercice de la justice, quand vous aurez assuré les bases d'un équilibre parfait entre les revenus & les dépenses de l'Etat ; enfin,

quand vous aurez achevé l'ouvrage de la Conſtitution ;
vous aurez acquis de grands droits à la reconnoiſſance
publique ; & , dans la continuation ſucceſſive des
Aſſemblées Nationales, continuation fondée dorénavant
ſur cette Conſtitution même , il n'y aura plus qu'à
ajouter d'année en année de nouveaux moyens de proſpérité à tous ceux que vous avez déjà préparés. Puiſſe
cette journée, où votre Monarque vient s'unir à vous
de la manière la plus franche & la plus intime , être
une époque mémorable dans l'hiſtoire de cet Empire !
Elle le ſera, je l'eſpère, ſi mes vœux ardens, ſi mes
inſtantes exhortations peuvent être un ſignal de paix
& de rapprochement entre vous. Que ceux qui s'éloi-
gneroient encore d'un eſprit de concorde, devenu ſi
néceſſaire , me faſſent le ſacrifice de tous les ſouvenirs
qui les affligent, je les payerai par ma reconnoiſſance
& mon affection. Ne profeſſons tous , à compter de ce
jour, ne profeſſons tous, je vous en donne l'exemple,
qu'une ſeule opinion, qu'un ſeul intérêt, qu'une ſeule
volonté, l'attachement à la Conſtitution nouvelle, & le
déſir ardent de la paix, du bonheur & de la proſpérité
de la France.

Réponſe de Monſieur le Préſident.

L'ASSEMBLÉE NATIONALE voit avec la plus vive reconnoiſſance , mais ſans étonnement, la conduite con-
fiante & paternelle de VOTRE MAJESTÉ. Négligeant
l'appareil & le faſte du trône, vous avez ſenti, SIRE,
que pour convaincre tous les eſprits , pour entraîner
tous les cœurs, il ſuffiſoit de vous montrer dans la
ſimplicité de vos vertus. Et lorſque VOTRE MAJESTÉ
vient au milieu des Repréſentans de la Nation con-
tracter avec eux l'engagement d'aimer, de maintenir,
& de défendre la Conſtitution & les Loix , je ne riſ-

querai pas, SIRE, d'affoiblir, en voulant les peindre ;
les témoignages de la gratitude, du respect & de
l'amour que la France doit au patriotisme de son Roi ;
mais j'en abandonne l'expression au sentiment sûr, qui,
dans cette circonstance, saura bien lui seul inspirer les
François.

Formule du serment décrété le 4 Février par l'Assemblée,
& prêté par chacun de ses Membres, & de suite à
l'Hôtel-de-Ville & dans tous les Districts.

Je jure d'être fidèle à la Nation, à la Loi, au Roi,
& de maintenir de tout mon pouvoir la Constitution
décrétée par l'ASSEMBLÉE NATIONALE, & acceptée par
le Roi.

L'Assemblée Nationale aux François.

Du 11 Février 1790.

L'Assemblée Nationale s'avançant dans la carrière de
ses travaux, reçoit de toutes parts les félicitations des
Provinces, des Villes, des Communautés, les témoignages de la joie publique, les acclamations de la reconnoissance ; mais elle entend aussi les murmures, les cla-
meurs de ceux que blessent ou qu'affligent les coups portés
à tant d'abus, à tant d'intérêts, à tant de préjugés. En
s'occupant du bonheur de tous, elle s'inquiète des maux
particuliers ; elle pardonne à la prévention, à l'aigreur,
à l'injustice ; mais elle regarde comme un de ses devoirs
de vous prémunir contre les influences de la calomnie,
& de détruire les vaines terreurs dont on chercheroit
à vous surprendre. Eh ! que n'a-t-on pas tenté pour vous
égarer, pour ébranler votre confiance ? On a feint d'igno-

rer quel bien avoit fait l'Assemblée Nationale : nous allons vous le rappeller. On a élevé des difficult's contre ce qu'elle a fait : nous allons y répondre. On a répandu des doutes, on a fait naître des inquiétudes sur ce qu'elle fera : nous allons vous l'apprendre.

Qu'a fait l'Assemblée ?

Elle a tracé d'une main ferme, au milieu des orages, les principes de la Constitution qui assure à jamais votre Liberté.

Les Droits des hommes étoient méconnus, insultés depuis des siècles ; ils ont été rétablis pour l'humanité entière, dans cette Déclaration qui sera à jamais le cri de ralliement contre les oppresseurs, & la Loi des Législateurs eux-mêmes.

La Nation avoit perdu le droit de décréter & les loix & les impôts : ce droit lui a été restitué, & en même-temps ont été consacrés les vrais principes de la Monarchie, l'inviolabilité du Chef auguste de la Nation, & l'hérédité du Trône dans une famille si chère à tous les François.

Nous n'avions que des Etats Généraux : vous avez maintenant une Assemblée Nationale, & elle ne peut plus vous être ravie.

Des Ordres, nécessairement divisés, & asservis à d'antiques prétentions, y dictoient les Décrets, & pouvoient y arrêter l'essor de la volonté nationale. Ces Ordres n'existent plus : tout a disparu devant l'honorable qualité de Citoyen.

Tout étant devenu Citoyen, il vous falloit des Défenseurs Citoyens ; & au premier signal on a vu cette Garde nationale qui, rassemblée par le patriotisme, commandée par l'honneur, par-tout maintient ou ramène l'ordre, & veille avec un zèle infatigable à la sûreté de chacun pour l'intérêt de tous.

Des privilèges sans nombre, ennemis irréconciliables

de tout bien, compofoient tout notre Droit public : ils font détruits ; & à la voix de votre Affemblée, les Provinces les plus jaloufes des leurs , ont applaudi à leur chûte ; elles ont fenti qu'elles s'enrichiffoient de leur perte.

Une féodalité vexatoire, fi puiffante encore dans fes derniers débris, couvroit la France entière: elle a difparu fans retour.

Vous étiez foumis, dans les Provinces, au régime d'une adminiftration inquiétante : vous en êtes affranchis.

Des ordres arbitraires attentoient à la liberté des Citoyens : ils font anéantis.

Vous vouliez une organifation complète des Municipalités : elle vient de vous être donnée ; & la création de tous ces Corps, formés par vos fuffrages, préfente en ce moment, dans toute la France, le fpectacle le plus impofant.

En même-temps l'Affemblée Nationale a confommé l'ouvrage de la nouvelle divifion du Royaume, qui feule pouvoit effacer jufqu'aux dernières traces des anciens préjugés ; fubftituer à l'amour-propre de Province, l'amour véritable de la Patrie , affeoir les bafes d'une bonne repréfentation , & fixer à-la-fois les droits de chaque homme & de chaque canton , en raifon de leurs rapports avec la chofe publique ; problême difficile, dont la folution étoit reftée inconnue jufqu'à nos jours.

Dès long-temps vous defiriez l'abolition de la vénalité des Charges de la Magiftrature : elle a été prononcée.— Vous éprouviez le befoin d'une réforme, du moins provifoire, des principaux vices du Code criminel : elle a été décrétée, en attendant une réforme générale: — De toutes les parties du Royaume nous ont été adreffées des plaintes, des demandes, des réclamations : nous y avons fatisfait autant qu'il étoit en notre pouvoir. La multitude des engagemens publics effrayoit : nous avons confacré les principes fur la foi qui leur eft due. — Vous redoutiez le pouvoir des Miniftres : nous leur avons impofé la loi raffurante de la refponfabilité.

L'impôt de la Gabelle vous étoit odieux : nous l'avons adouci d'abord, & nous vous en avons promis l'entière deftruction ; car il ne nous fuffit pas que les impôts foient indifpenfables pour les befoins publics, il faut encore qu'ils foient juftifiés par leur égalité, leur fageffe, leur douceur.

Des penfions immodérées, prodiguées fouvent à l'infçu de votre Roi, vous raviffoient le fruit de vos labeurs : nous avons jeté fur elles un premier regard févère, & nous allons les renfermer dans les limites étroites d'une ftricte juftice.

Enfin, les finances demandoient d'immenfes réformes : fecondés par le Miniftre qui a obtenu votre confiance, nous y avons travaillé fans relâche, & bientôt vous allez en jouir.

Voilà notre ouvrage, François, ou plutôt voilà le vôtre : car nous ne fommes que vos organes, & c'eft vous qui nous avez éclairés, encouragés, foutenus dans nos travaux. Quelle époque que celle à laquelle nous fommes enfin parvenus ! Quel honorable héritage vous allez tranfmettre à votre poftérité ! Elevés au rang de Citoyens, admiffibles à tous les emplois, Cenfeurs éclairés de l'Adminiftration quand vous n'en ferez pas les dépofitaires, fûrs que tout fe fait & par vous & pour vous, égaux devant la Loi, libres d'agir, de parler, d'écrire, ne devant jamais compte aux hommes, toujours à la volonté commune ; quelle plus belle condition ! Pourroit il être encore un feul Citoyen, vraiment digne de ce nom, qui ofât tourner fes regards en arrière, qui voulût relever les débris dont nous sommes environnés, pour en recomposer l'ancien édifice !

Et pourtant que n'a-t-on pas dit ? que n'a-t-on pas fait pour affoiblir en vous l'impression naturelle que tant de biens doivent produire ?

Nous avons tout détruit, a-t-on dit : c'est qu'il falloit tout reconstruire. Et qu'y a-t-il donc tant à regretter ! Veut-on le savoir ? Que sur tous les objets réformés ou détruits, l'on interroge les hommes qui n'en profitoient pas ; qu'on interroge même la bonne foi des hommes qui en profitoient ; qu'on écarte ceux-là qui, pour ennoblir les afflictions de l'intérêt personnel, prennent aujourd'hui pour objet de leur commisération, le sort de ceux qui, dans d'autres temps, leur furent si indifférens ; & l'on verra si la réforme de chacun de ces objets ne réunit pas tous les suffrages faits pour être comptés.

Nous avons agi avec trop de précipitation... & tant d'autres nous ont reproché d'agir avec trop de lenteur ! Trop de précipitation ! Ignore-t-on que c'est en attaquant, en renversant tous les abus à-la-fois, qu'on peut espérer de s'en voir délivré sans retour ; qu'alors, & alors seulement, chacun se trouve intéressé à l'établissement de l'ordre ; que les réformes lentes & partielles ont toujours fini par ne rien réformer ; enfin, que l'abus que l'on conserve devient l'appui & bientôt le restaurateur de tous ceux qu'on croyoit avoir détruits ?

Nos Assemblées sont tumultueuses... Et qu'importe, si les Décrets qui en émanent sont sages ? Nous sommes, au reste, loin de vouloir présenter à votre admiration les détails de tous nos débats. Plus d'une fois nous en avons été affligés nous-mêmes ; mais nous avons senti en même-temps qu'il étoit trop injuste de

chercher à s'en prévaloir, & qu'après tout, cette im-
pétuosité étoit l'effet presqu'inévitable du premier com-
bat qui se soit peut-être jamais livré entre tous les principes & toutes les erreurs.

On nous accuse d'avoir aspiré à une perfection chi-
mérique... Reproche bizarre, qui n'est, on le voit bien,
qu'un vœu mal déguisé pour la perpétuité des abus.
L'Assemblée Nationale ne s'est point arrêtée à ces motifs servilement intéressés ou pusillanimes : elle a eu le
courage, ou plutôt la raison de croire que les idées
utiles, nécessaires au genre humain, n'étoient pas exclusivement destinées à orner les pages d'un livre, &
que l'Etre suprême, en donnant à l'homme la perfec-
tibilité, apanage particulier de sa nature, ne lui avoit
pas défendu de l'appliquer à l'ordre social devenu le
plus universel de ses intérêts, & presque le premier de
ses besoins.

Il est impossible, a-t-on dit, de régénérer une Nation vieille & corrompue.... Que l'on apprenne qu'il n'y
a de corrompu que ceux qui veulent perpétuer des
abus corrupteurs, & qu'une Nation se rajeunit, le jour
où elle a résolu de renaître à la liberté. Voyez la gé-
nération nouvelle : comme déjà son cœur palpite de
joie & d'espérance ! Comme ses sentimens sont purs,
nobles, patriotiques ! Avec quel enthousiasme on la
voit chaque jour briguer l'honneur d'être admise à
prêter le serment de Citoyen !... Mais pourquoi répondre à un aussi misérable reproche ? l'Assemblée Nationale seroit-elle donc réduite à s'excuser de n'avoir
pas désespéré du Peuple François ?

On n'a encore rien fait pour le Peuple, a-t-on osé
dire... Et c'est sa cause qui triomphe par-tout. Rien
fait pour le Peuple ! Et chaque abus que l'on a détruit, ne lui prépare-t-il pas, ne lui assure-t-il pas un
soulagement ? Etoit-il un seul abus qui ne pesât sur le
Peuple ?

Il ne se plaignoit pas.... C'est que l'excès de ses maux étouffoit ses plaintes... Maintenant il est malheureux..... Dites plutôt : il est encore malheureux ;... mais il ne le sera pas long-temps : nous en faisons le serment.

Nous avons détruit le Pouvoir exécutif... non : dites le Pouvoir ministériel; & c'est lui qui détruisoit, qui souvent dégradoit le Pouvoir exécutif. Le Pouvoir exécutif, nous l'avons éclairé en lui montrant ses véritables droits ; & sur-tout nous l'avons ennobli en le faisant remonter à la véritable source de sa puissance, la puissance du Peuple.

Il est maintenant sans force..... contre la Constitution & la Loi : cela est vrai; mais en leur faveur, il sera plus puissant qu'il ne le fut jamais.

Le Peuple s'est armé.... Oui , pour sa défense: il en avoit besoin. — Mais, dans plusieurs endroits, il en est résulté des malheurs.... Peut-on les reprocher à l'Assemblée Nationale ? Peut on lui imputer des désastres dont elle gémit, qu'elle a voulu prévenir, arrêter par toute la force de ses Décrets, & que va faire cesser sans doute l'union désormais indissoluble entre les deux Pouvoirs, & l'action irrésistible de toutes les forces nationales ?

Nous avons passé nos pouvoirs : la réponse est simple. Nous étions incontestablement envoyés pour faire une Constitution : c'étoit le vœu, c'étoit le besoin de la France entière. Or , étoit-il possible de la créer, cette Constitution, de former un ensemble, même imparfait, de Décrets constitutionnels, sans la plénitude des pouvoirs que nous avons exercés ? Disons plus : sans l'Assemblée Nationale, la France étoit perdue, sans le principe qui soumet tout à la pluralité des suffrages libres, & qui a fait tous nos Décrets, il étoit impossible de concevoir une Assemblée Nationale ; il est

impossible

impossible de concevoir, nous ne disons pas une Constitution, mais même l'espoir de détruire irrévocablement le moindre des abus. Ce principe est d'éternelle vérité : il a été reconnu dans toute la France ; il s'est reproduit de mille manières dans ces nombreuses Adresses d'adhésion, qui rencontroient sur toutes les routes cette foule de libelles où l'on nous reproche d'avoir excédé nos pouvoirs. Ces Adresses, ces félicitations, ces hommages, ces sermens patriotiques : qu'elle confirmation des pouvoirs que l'on vouloit nous contester !

Tels sont, François, les reproches que l'on fait à vos Représentans dans cette foule d'écrits coupables, où l'on affecte le ton d'une douleur citoyenne. Ah ! vainement on s'y flatte de nous décourager ; notre courage redouble ; vous ne tardetez pas à en ressentir les effets.

L'Assemblée va vous donner une Constitution militaire qui, composant l'Armée de Soldats citoyens, réunira la valeur qui défend la Patrie, & les vertus civiques qui la protégent sans l'effrayer.

Bientôt elle vous présentera un système d'impositions qui ménagera l'agriculture & l'industrie, qui respectera enfin la liberté du commerce, un système qui, simple, clair, aisément conçu de tous ceux qui payent, déterminera la part qu'ils doivent ; rendra facile la connoissance si nécessaire de l'emploi des revenus publics, & mettra sous les yeux de tous les François le véritable état des Finances ; jusqu'à présent labyrinthe obscur, où l'œil n'a pu suivre la trace des trésors de l'Etat.

Bientôt un Clergé-citoyen ; soustrait à la pauvreté comme à la richesse, modèle à-la-fois du riche & du pauvre, pardonnant les expressions injurieuses d'un délire passager, inspirera une confiance vraie, pure, universelle ; que n'altérera ni l'envie qui outrage, ni cette sorte de pitié qui humilie ; il fera chérir encore da-

vantage la Religion ; il en accroîtra l'heureuse influence
par les rapports plus doux & plus intimes entre les
Peuples & les Pasteurs ; & il n'offrira plus le spectacle
que le patriotisme du Clergé lui-même a plus d'une fois
dénoncé dans cette Assemblée, de l'oisiveté opulente &
de l'activité sans récompense.

Bientôt un système de Lois criminelles & pénales,
dictées par la raison, la justice, l'humanité, montrera
jusque dans la personne des victimes de la Loi, le
respect dû à la qualité d'homme, respect sans lequel
on n'a pas le droit de parler de morale.

Un Code de Lois civiles, confié à des Juges désignés
par votre suffrage, & rendant gratuitement la justice,
fera disparoître toutes ces Lois obscures, compliquées,
contradictoires, dont l'incohérence & la multitude sem-
bloient laisser, même à un Juge intègre, le droit d'appeler justice sa volonté, son erreur, quelquefois son
ignorance ; mais jusqu'à ce moment vous obéirez reli-
gieusement à ces mêmes Lois, parce que vous savez que
le respect pour toute loi non encore révoquée, est la marque distinctive du vrai Citoyen.

Enfin nous terminerons nos travaux par un Code
d'instruction & d'éducation nationale, qui mettra la
Constitution sous la sauve-garde des générations nais-
santes ; & faisant passer l'instruction civique par tous les
degrés de la représentation, nous transmettrons, dans
toutes les classes de la société, les connoissances nécessaires au bonheur de chacune de ces classes, en même
temps qu'à celui de la société entière.

Voyez, François, la perspective de bonheur & de
gloire qui s'ouvre devant vous ! Il reste encore quelques pas à faire, & c'est où vous attendent les dé-
tracteurs de la Révolution. Défiez-vous d'une impé-
tueuse vivacité ; redoutez sur-tout les violences, car
tout désordre peut devenir funeste à la liberté. Vous

chériffez cette liberté ; vous la poffédez maintenant !
montrez-vous dignes de la conferver ; foyez fidèles à
l'efprit, à la lettre des Décrets de vos Repréfentans,
acceptés ou fanctionnés par le Roi ; diftinguez foigneu-
fement les droits abolis fans rachat, & les droits rachetables, mais encore exiftans. Que les premiers ne
foient plus exigés, mais que les feconds ne foient point
refufés. Songez aux trois mots facrés qui garantiffent
ces Décrets : LA NATION, LA LOI, LE ROI. La Nation,
c'eft vous : la Loi, c'eft encore vous ; c'eft votre volonté : le Roi, c'eft le gardien de la Loi. Quels que
foient les menfonges qu'on prodigue, comptez fur
cette union. C'eft le Roi qu'on trompoit : c'eft vous
qu'on trompe maintenant, & la bonté du Roi s'en
afflige ; il veut préferver fon peuple des flatteurs qu'il
a éloignés du Trône ; il en défendra le berceau de fon
fils ; car, au milieu de vos Repréfentans, il a déclaré
qu'il faifoit de l'Héritier de la Couronne le gardien de
la Conftitution.

Qu'on ne vous parle plus de deux partis. Il n'en eft
qu'un ; nous l'avons tous juré ; c'eft celui de la liberté.
Sa victoire eft fûre, atteftée par les conquêtes qui fe
multiplient tous les jours. Laiffez d'obfcurs blafphéma-
teurs prodiguer contre nous les injures, les calomnies :
penfez feulement que, s'ils nous louoient, la France
feroit perdue. Gardez-vous fur-tout de réveiller leurs
efpérances par des fautes, par des défordres, par l'ou-
bli de la Loi. Voyez comme ils triomphent de quelques délais dans la perception de l'impôt ! Ah ! ne leur
préparez pas une joie cruelle ? Songez que cette dette...
Non, ce n'eft plus une dette : c'eft un tribut facré, &
c'eft la Patrie maintenant qui le reçoit pour vous ;
pour vos enfans ; elle ne le laiffera plus prodiguer aux
déprédateurs qui voudroient voir tarir pour l'État le
Tréfor public, maintenant tari pour eux ; ils afpiroient

à des malheurs qu'a prévenus, qu'a rendus impoffibles
la bonté magnanime du Roi. François, fecondez votre
Roi par un faint & immuable refpect pour la Loi; dé-
fendez contre eux fon bonheur, fes vertus, fa véritable
gloire; montrez qu'il n'eut jamais d'autres ennemis
que ceux de la liberté; montrez que pour elle & pour
lui votre conftance égalera votre courage; que pour
la liberté dont il eft le garant, on ne fe laffe point, on
eft infatigable. Votre laffitude étoit le dernier efpoir
des ennemis de la Révolution ; ils le perdent : pardon-
nez-leur d'en gémir ; & déplorez, fans les haïr, ce refte
de foibleffe, toutes ces miféres de l'humanité : cher-
chons, difons même ce qui les excufe. Voyez quel
concours de caufes a dû prolonger, entretenir, pref-
que éternifer leur illufion. Eh ! ne faut-il pas quelque
temps pour chaffer de fa mémoire les fantômes d'un
long rêve, les rêves d'une longue vie ? Qui peut
triompher en un moment, des habitudes de l'efprit,
des opinions inculquées dans l'enfance, entretenues
par les formes extérieures de la fociété, long-temps
favorifées par la fervitude publique qu'on croyoit éternelle, chères à un genre d'orgueil qu'on impofoit comme
un devoir, enfin mifes fous la protection de l'intérêt
perfonnel qu'elles flattoient de tant de manières?
Perdre à-la-fois fes illufions, fes efpérances, fes idées
les plus chéries, une partie de fa fortune ; eft-il donné
à beaucoup d'hommes de le pouvoir fans quelques re-
grets, fans des efforts, fans des réfiftances d'abord na-
turelles, & qu'enfuite un faux point d'honneur s'impofe
quelquefois à lui-même ? Eh! fi dans cette claffe na-
guères fi favorifée, ils s'en trouve quelques-uns qui ne
peuvent fe faire à tant de pertes à-la-fois, foyez généreux ; fongez que, dans cette même claffe, il s'eft
trouvé des homme qui ont ofé s'élever à la dignité de
Citoyens, intrépides défenfeurs de vos droits, & dans

le sein même de leur famille, opposant à leurs sentimens les plus tendres, le noble enthousiasme de la liberté.

Plaignez, François, les victimes aveugles de tant de déplorables préjugés; mais, sous l'empire des Lois, que le mot de *vengeance* ne soit plus prononcé. Courage, persévérance, générosité, les vertus de la liberté; nous vous les demandons au nom de cette liberté sacrée; seule conquête digne de l'homme, digne de vous, par les efforts, par les sacrifices que vous avez faits pour elle, par les vertus qui se sont mêlées aux malheurs inséparables d'une grande révolution: ne retardez point, ne déshonorez point le plus bel ouvrage dont les Annales du monde nous ayent transmis la mémoire. Qu'avez-vous à craindre? Rien, non rien, qu'une funeste impatience; encore quelques momens... C'est pour la liberté! Vous avez donné tant de siècles au despotisme! Amis, Citoyens, une patience généreuse au-lieu d'une patience servile. Au nom de la Patrie, vous en avez une maintenant; au nom de votre Roi, vous avez un Roi: il est à vous; non plus le Roi de quelques milliers d'hommes, mais le Roi des François... de tous les François. Qu'il doit mépriser maintenant le despotisme! qu'il doit le haïr! Roi d'un Peuple libre, comme il doit reconnoître l'erreur de ces illusions mensongères, qu'entretenoit sa Cour qui se disoit son Peuple! prestiges répandus autour de son berceau, enfermés comme à dessein dans l'éducation royale, & dont on a cherché, dans tous les temps, à composer l'entendement des Rois pour faire, des erreurs de leurs pensées, le patrimoine des Cours. Il est à vous: qu'il nous est cher! Ah! depuis que son Peuple est devenu sa Cour, lui refuserez-vous la tranquillité, le bonheur qu'il mérite? Désormais, qu'il n'apprenne plus aucune de ces scènes violentes, qui ont tant affligé son cœur; qu'il apprenne, au

contraire, que l'ordre renaît ; que par-tout les propriétés
font respectées, défendues ; que vous recevez, vous placez sous l'Egide des Lois l'innocent, le coupable... Du
coupable ! il n'en est point, si la Loi ne l'a prononcé.
Ou plutôt, qu'il apprenne encore, votre vertueux Monarque, quelques - uns de ces traits généreux, de ces
nobles exemples qui déjà ont illustré le berceau de la
liberté françoise... Etonnez-le de vos vertus, pour lui
donner plus tôt le prix des siennes, en avançant pour
lui le moment de la tranquillité publique & le spécta-
cle de votre félicité.

Pour nous, poursuivant notre tâche laborieuse, voués ;
consacrés au grand travail de la Constitution, votre ouvrage autant que le nôtre, nous le terminerons, aidés de
toutes les lumières de la France & vainqueurs de tous
les obstacles. Satisfaits de notre conscience, convaincus,
& d'avance heureux de votre prochain bonheur, nous
placerons entre vos mains ce dépôt sacré de la Constitution, sous la garde des vertus nouvelles, dont le
germe, enfermé dans vos ames, vient d'éclore aux
premiers jours de la liberté.

Signé, BUREAUX DE PUSY, *Président* ; LABORDE
DE MERVILLE, l'Abbé EXPILLY, le Vicomte DE NOAILLES,
GUILLOTIN, le Baron DE MARGUERITTES, le Marquis
DE LA COSTE, *Secrétaires.*

Proclamation du Roi , fur le Décret de l'Affemblée Nationale , concernant les Colonies.

Du 10 Mars 1790.

Vu par le Roi le Décret dont la teneur fuit :

Décret de l'Affemblée Nationale, du Lundi 8 Mars 1790.

L'Affemblée Nationale, délibérant fur les Adreffes & Pétitions des Villes de commerce & de manufactures, fur les pièces nouvellement arrivées de Saint-Domingue & de la Martinique, a elle adreffées par le Miniftre de la Marine, & fur les repréfentations des Députés des Colonies ;

Déclare que , confidérant les Colonies comme une partie de l'Empire François, & defirant les faire jouir des fruits de l'heureufe régénération qui s'y eft opérée, elle n'a cependant jamais entendu les comprendre dans la Conftitution qu'elle a décrétée pour le Royaume, & les affujettir à des Loix qui pourroient être incompatibles avec leurs convenances locales & particulières.

En conféquence, elle a décrété & décrète ce qui fuit :

A R T I C L E P R E M I E R.

Chaque Colonie eft autorifée à faire connoître fon vœu fur la Conftitution, la légiflation & l'adminiftration qui conviennent à fa profpérité & au bonheur de fes habitans, à la charge de fe conformer aux principes généraux qui lient les Colonies à la Métropole, & qui affurent la confervation de leurs intérêts refpectifs.

II. Dans les Colonies où il exifte des Affemblées coloniales , librement élues par les Citoyens, & avouées.

par eux, ces Affemblées feront admifes à exprimer le
vœu de la Colonie. Dans celles où il n'exifte pas d'Affemblées femblables, il en fera formé inceffamment
pour remplir les mêmes fonctions.

III. Le Roi fera fupplié de faire parvenir dans chaque
Colonie, une Inftruction de l'Affemblée Nationale, ren-
fermant, 1°. les moyens de parvenir à la formation des
Affemblées coloniales dans les Colonies où il n'en
exifte pas ; 2°. les bafes générales auxquelles les Affemblées coloniales devront fe conformer dans les plans de
conftitution qu'elles préfenteront.

IV. Les plans préparés par lefdites Affemblées coloniales, feront foumis à l'Affemblée Nationale, pour être
examinés, décrétés par elle, & préfentés à l'acceptation
& à la fanction du Roi.

V. Les Décrets de l'Affemblée Nationale fur l'organifation des Municipalités & des Affemblées adminiftratives, feront envoyés auxdites Affemblées coloniales,
avec pouvoir de mettre à exécution la partie defdits Décrets qui peut s'adapter aux convenances locales, fauf
la décifion définitive de l'Affemblée Nationale & du
Roi, fur les modifications qui auroient pu y être apportées, & la fanction provifoire du Gouverneur pour
l'exécution des Arrêtés qui feront pris par les Affemblées
adminiftratives.

VI. Les mêmes Affemblées coloniales énonceront leur
vœu fur les modifications qui pourroient être apportées
au régime prohibitif du commerce entre les Colonies &
la Métropole, pour être, fur leurs pétitions, & après
avoir entendu les repréfentations du Commerce François, ftatué par l'Affemblée Nationale ainfi qu'il appartiendra.

Au furplus, l'Assemblée Nationale déclare qu'elle n'a entendu rien innover dans aucune des branches du commerce, soit direct, soit indirect, de la France avec ses Colonies; met les Colons & leurs propriétés sous la sauve-garde spéciale de la Nation : déclare criminel envers la Nation quiconque travailleroit à exciter des soulèvemens contre eux. Jugeant favorablement des motifs qui ont animé les Citoyens desdites Colonies, elle déclare qu'il n'y a lieu contre eux à aucune inculpation ; elle attend de leur patriotisme le maintien de la tranquillité, & une fidélité inviolable à la Nation, à la Loi & au Roi.

Le Roi a accepté & accepte ledit Décret, pour être exécuté suivant sa forme & teneur. En conséquence, mande & ordonne aux Gouverneurs établis par Sa Majesté dans chacune des Colonies, & à tous autres, de l'obferver & exécuter en ce qui les concerne.

Fait à Paris, le dix Mars mil fept cent quatre-vingt-dix, *Signé*, LOUIS. *Et plus bas*, Par le Roi, LA LUZERNE.

Lettre du Roi. — *A nos bons & amés Sujets les Colons des Ifles du Vent & des Ifles fous le Vent.*

MES BONS ET AMÉS SUJETS, ne doutez pas que malgré l'éloignement où vous êtes du lieu de ma réfidence, e n'aye été conftamment occupé de votre bonheur. J'aurois voulu connoître avec certitude tout ce qui pouvoit contribuer davantage, & vous auriez éprouvé plus fenfiblement encore l'effet de mes bonnes intentions; mais aujourd'hui que j'ai appelé à mon aide les lumières & es confeils de toute la Nation, j'aurai plus de moyens our affurer votre contentement d'une manière folide

& invariable. Le Décret de l'Assemblée Nationale que je vous envoye, après l'avoir approuvé & sanctionné, vous est un premier gage des espérances que je conçois.

Il est de toute justice que vous participiez aux avantages de la Constitution dont mes Sujets d'Europe vont jouir, puisque vous n'êtes separés d'eux, ni par la nature de vos droits, ni par les degrés de mon affection. Vous cultivez avec intelligence & avec succès une Colonie dont les productions font une partie essentielle des richesses de l'Empire François ; ainsi vous concourrez au bien général en vous occupant, comme vous y êtes invités, à faire connoître les dispositions qui peuvent établir le meilleur ordre au milieu de vous, & réunir tous les Habitans de Saint-Domingue par les liens du bonheur & de la confiance. Vous n'oublierez point, que ne faisant qu'un avec nous, vous devez soigner attentivement les intérêts du commerce de France, comme il doit par réciprocité s'occuper des moyens propres à encourager vos utiles travaux. C'est par une pareille union, l'objet des mes vœux, que je verrai mes Sujets de l'une & de l'autre hémisphère ne former qu'une même famille, & déconcerter les projets de tous ceux qui ont le malheur de se plaire dans les divisions. Je n'ai jamais douté un moment de votre fidélité, car vous êtes François ; & vous en avez manifesté le généreux patriotisme dans les plus grandes occasions. J'ai donc trouvé du plaisir à vous donner directement un témoignage de mes sentimens, & vous pouvez, vous devez y compter en tous les temps. *Signé*, LOUIS.

Lettres-Patentes du Roi, fur un Décret de l'Affemblée Nationale, concernant les perfonnes détenues en vertu d'ordres particuliers.

Données à Paris, le 26 Mars 1790.

Louis, par la grâce de Dieu, & par la Loi conftitutionnelle de l'Etat, Roi des François : A tous ceux qui ces préfentes Lettres verront ; SALUT. L'Affemblée Nationale ayant par diverfes confidérations énoncées dans le préambule de fon Décret du 16 de ce mois, décrété les difpofitions fuivantes, Nous en avons ordonné & ordonnons l'exécution, ainfi qu'il fuit :

ARTICLE PREMIER.

Dans l'efpace de fix femaines après la publication des préfentes, toutes les perfonnes détenues dans les Châteaux, Maifons Religieufes, Maifons de force, Maifons de Police, ou autres prifons quelconques, par Lettres-de-cachet, ou par ordre des Agens du Pouvoir exécutif, à moins qu'elles ne foient légalement condamnées ou décrétées de prife-de-corps, qu'il n'y ait eu plainte en juftice, portée contr'elles, pour raifon de crimes emportant peine afflictive, ou que leurs père, mère, aïeul ou aïeule ou autres parens réunis n'ayent follicité & obtenu leur détention d'après des mémoires & demandes appuyés fur des faits très-graves, ou enfin qu'elles ne foient renfermées pour caufe de folie, feront mifes en liberté.

II. N'entendons comprendre dans la difpofition du précédent article les mendians & vagabonds enfermés temps, en vertu de Sentence d'un Juge, ou fur l'ordre des Officiers de Police, & autres ayant caractère pour l'exécution des règlemens relatifs à la mendicité & à la fûreté publique, à l'égard defquels il n'eft rien innové quant à préfent.

III. Ceux qui, fans avoir été jugés en dernier reffort, auroient été condamnés en première inftance, ou feulement décrétés de prife-de-corps, comme prévenus de crimes capitaux, feront conduits dans les prifons des Tribunaux défignés par la Loi, pour y recevoir leur jugement définitif.

IV. A l'égard des perfonnes non décrétées, contre lefquelles il y aura eu plainte rendue en juftice, d'après une procédure tendante à conftater un corps de délit, elles feront également jugées, mais dans le cas feulement où elles le le demanderoient, & alors elles ne pourront fortir de prifon qu'en vertu d'une Sentence d'élargiffement. Dans le cas où elles renonceroient à fe faire juger, l'ordre de leur détention fera exécuté pour le temps qui en refte à courir, de manière toutefois que fa durée n'excède pas fix années.

V. Les prifonniers qui devront être jugés en vertu des deux articles précédens, & qui feront condamnés comme coupables de crimes, ne pourront fubir une peine plus févère que quinze années de prifon, excepté dans les cas d'affaffinat, de poifon ou d'incendie, où la détention à perpétuité pourra être prononcée; mais, dans ces cas mêmes, les Juges ne pourront prononcer la peine de mort ni celle des galères perpétuelles.

Dans les quinze années de prifon, feront comptées celles que les prifonniers ont déjà paffées dans les Maifons où ils font détenus.

VI. Quant à ceux qui ont été renfermés fur la demande de leur famille, fans qu'aucun corps de délit ait été conftaté juridiquement, fans même qu'il y eût eu de plainte portée contre eux en juftice, ils obtiendront leur liberté fi, dans le délai de trois mois, aucune demande n'eft préfentée aux Tribunaux, pour raifon des cas à eux imputés.

VII. Les prifonniers qui ont été légalement condamnés à une peine afflictive, autre toutefois que la mort, les ga lères perpétuelles, ou le banniffement à vie, & qui n'ayant point obtenu de lettres de commutation de peine, fe trouvent renfermés en vertu d'un ordre illégal, garderont prifon pendant le temps fixé par l'ordre de leur détention, à moins qu'ils ne démandent eux-mêmes à fubir la peine à laquelle ils avoient été condamnés par jugement en dernier reffort; & cependant aucune détention ne pourra jamais, dans le cas exprimé au préfent Article, excéder le terme de dix années; y compris le temps qui s'eft déja écoulé depuis l'exécution de l'ordre illégal.

VIII. Ceux qui feront déchargés d'accufation, recouvreront fur le-champ leur liberté, fans qu'il foit befoin d'aucun ordre nouveau, & fans qu'il puiffe être permis de les retenir fous quelque prétexte que ce foit.

IX. Les perfonnes détenues pour caufe de démence, feront pendant l'efpace de trois mois, à compter du jour de la publication des préfentes, à la diligence de nos Procureurs, interrogés par les Juges dans les formes ufitées, & en vertu de leurs Ordonnances, vifitées par les Medecins, qui, fous la furveillance des Directoires des Diftricts, s'expliqueront fur la véritable fituation des malades, afin que, d'après la Sentence qui aura ftatué fur leur état, ils foient élargis, ou foignés dans les Hôpitaux qui feront indiqués à cet effet.

X. Les ordres arbitraires emportant exil, & tous autres de même nature, ainfi que toutes lettres-de-cachet, font abolis, & il n'en fera plus donné à l'avenir. Ceux qui en ont été frappés font libres de fe tranfporter par-tout où ils jugeront à propos.

XI. Les Miniftres feront tenus de donner aux Citoyens ci-devant enfermés ou exilés, la communication des mémoires & inftructions fur lefquels auront été décernés contr'eux les ordres illégaux, qui ceffent par l'effet des préfentes.

XII. Les mineurs feront remis ou renvoyés à leurs pères & mères, tuteurs ou curateurs, au moment de leur fortie de prifon.

Les Affemblées de Diftrict pourvoiront à ce que les Religieufes ou autres perfonnes qui, à raifon de leur fexe, de leur âge, ou de leurs infirmités, ne pourroient fe rendre fans dépenfe à leur domicile, ou auprès de leurs parens, reçoivent en avance, fur les deniers apparte-nans au régime de la Maifon où ils étoient renfermés, ou fur les caiffes publiques du Diftrict, la fomme qui fera jugée néceffaire & indifpenfable pour leur voyage, fauf à répéter ladite fomme fur le Couvent dont les Religieufes étoient profeffes, ou fur les familles, ou fur les fonds du Domaine.

XIII. Les Officiers Municipaux veilleront à ce que les per-fonnes mifes en liberté, qui fe trouveroient fans aucune reffource, puiffent obtenir du travail dans les atteliers de charité déjà établis, ou qui feront établis à l'avenir.

XIV. Dans le délai de trois mois, il fera dreffé par les Com-mandans de chaque Fort ou Prifon d'Etat, Supérieurs de Maifons de Force, ou Maifons Religieufes, & par tous détenteurs de Prifonniers en vertu d'ordres arbitraires, un état de ceux qui auront été élargis, interrogés & vifités, renvoyés par-devant les Tribunaux, ou qui garderont encore prifon, en vertu des préfentes ; ledit état fera dreffé fans frais & certifié.

XV. Cet état fera dépofé aux Archives du Diftrict, & il en fera envoyé des doubles en forme, fignés du Préfident & du Secrétaire, aux Archives du Département, d'où ils feront adreffés à nos Secrétaires d'Etat, pour être communi-qués à l'Affemblée Nationale.

XVI. Rendons les Commandans des prifons d'Etat, les Supérieurs de Maifons de Force, & Maifons Religieufes, & tous les détenteurs de prifonniers en-fermés par ordre illégal, refponfables, chacun en ce qui les touche, de l'exécution des préfentes ; & nous chargeons ſpécialement les Tribunaux de juſtice, les Aſſemblées adminiſtratives de Département & de Diſtrict, & les Municipalités, d'y tenir la main, chacun en ce qui les concerne.

MANDONS & ordonnons à tous les Tribunaux, Corps adminiſtratifs & Municipalités, que les préfentes ils faſſent tranſcrire ſur leurs Regiſtres, lire, publier & afficher dans leurs Reſſorts & Départemens reſpectifs, & exécuter comme Loi du Royaume. En foi de quoi, ous avons ſigné & fait contreſigner ceſdites préſentes, uxquelles Nous avons fait appoſer le ſceau de l'Etat. Paris, le vingt-ſixième jour du mois de Mars, l'an e grâce mil ſept cent quatre-vingt-dix, & de notre ègne le ſeizième. Signé LOUIS. Et plus bas, par le oi, DE SAINT-PRIEST. Et ſcellées du ſceau de l'Etat.

ettres-patentes du Roi, ſur le Décret de l'Aſſemblée Nationale, du 27 Mars dernier, relatif au paiement de la Contribution patriotique.

Données à Paris, le premier Avril 1790.

LOUIS, par la grace de Dieu, & par la Loi conſtutionnelle de l'Etat, ROI DES FRANÇOIS : A tous éfens & à venir ; SALUT. L'Aſſemblée Nationale a créé, le 27 Mars dernier, & Nous voulons & donnons ce qui ſuit :

ARTICLE PREMIER.

Toute perſonne jouiſſant de ſes droits & de ſes biens, i a au-delà de quatre cents livres de revenu net, dent payer la contribution patriotique établie par le

32

Décret du 6 Octobre dernier, & sanctionné par le Roi, ceux dont les revenus, ou partie des revenus consistent en redevances en grains, ou autres fruits, doivent évaluer ce revenu sur le pied du terme moyen du prix d'une année sur les dix dernières.

II. Tous bénéfices, traitemens annuels, pensions ou appointemens, excepté la solde des troupes, tous gages & revenus d'Offices, qui, avec les autres biens d'un particulier, excéderont quatre cents livres de revenu net, doivent servir, comme les produits territoriaux ou industriels, de base à sa déclaration, sauf à lui à diminuer ses deux derniers paiemens dans la proportion de la perte ou diminution des traitemens, pensions, appointemens ou revenus quelconques, qui pourroient avoir lieu par les économies que l'Assemblée Nationale se propose, ou par l'effet de ses Décrets de Nous sanctionnés.

III. La perte d'une pension, d'un emploi ou d'une partie quelconque de l'aisance, n'est pas une raison pour se dispenser de faire une déclaration & de payer la contribution patriotique, si, cette perte déduite, il reste encore plus de quatre cents livres de revenu net.

IV. Tout Fermier, ou Colon partiaire doit faire une déclaration & contribuer à raison de ses profits industriels, s'ils excédent quatre cents livres de revenu net.

V. Les Tuteurs, Curateurs & autres Administrateurs sont tenus de faire les déclarations pour les mineurs & interdits, & pour les établissemens dont ils ont l'administration, excepté les hôpitaux & maisons de charité; & la contribution qu'ils paieront leur sera allouée dans leurs comptes.

VI.

VI. Les Officiers Municipaux imposeront ceux qui, domiciliés, ou absens du Royaume, & jouissant de plus de quatre cents livres de rente, n'auront pas fait la déclaration prescrite par le Décret du 6 Octobre, de Nous sanctionné le 9 du même mois. Ils feront notifier cette taxation à la personne ou au dernier domicile de ceux qu'elle concernera.

VII. Dans un mois du jour de cette notification, les personnes ainsi imposées par les Municipalités pourront faire leurs déclarations, lesquelles seront reçues & vaudront comme si elles avoient été faites avant la taxation de la Municipalité, lesdites personnes affirmant que leurs déclarations contiennent vérité. Ce délai d'un mois expiré, la taxation des Officiers Municipaux ne pourra plus être contestée; elle sera insérée dans le rôle de la contribution patriotique, & le premier paiement sera exigible conformément au Décret du 6 Octobre.

VIII. Tout Citoyen actif, sujet à la contribution patriotique, parce qu'il posséderoit plus de quatre cents livres de revenu net, sera tenu, s'il assiste aux Assemblées primaires, de représenter, avec l'extrait de ses cotes d'impositions, tant réelles que personnelles, dans les lieux où il a son domicile ou ses propriétés territoriales, l'extrait de sa déclaration pour sa contribution patriotique, & ces pièces seront, avant les élections, lues à haute voix dans les Assemblées primaires.

IX. Les Municipalités enverront à l'Assemblée primaire le tableau des Déclarations pour la contribution patriotique. Ce tableau contiendra les noms de ceux qui les auront faites, & les dates auxquelles elles auront été reçues. Il sera imprimé & affiché, pendant trois années consécutives, dans la salle où les Assemblées primaires tiendront leurs séances.

X. S'il s'eft tenu des Affemblées primaires, & fait des déclarations avant la publication du préfent Décret, elles ne feront pas recommencées, & on ne pourra en attaquer la validité, fur les motifs que les difpofitions de ce Décret n'y auroient pas été exécutées.

Mandons & ordonnons à tous les Tribunaux, Corps adminiftratifs & Munic. lités, que les préfentes ils faffent tranfcrire fur leurs regiftres, lire, publier, afficher & exécuter dans leurs reffotts & départemens refpectifs. En foi de quoi Nous avons figné & fait contre-figner cefdites préfentes, auxquelles Nous avons fait appofer le fceau de l'Etat. A Paris, le premier jour du mois d'Avril, l'an de grace mil fept cent quatre-vingt-dix, & de notre règne le feizième. *Signé* LOUIS. *Et plus bas*, par le Roi, DE SAINT-PRIEST. Vu au Confeil, LAMBERT. Et fcellées du fceau de l'Etat.

Lettres-patentes du Roi, fur le Décret de l'Affemblée Nationale, du 22 Mars 1790, concernant les formes à obferver pour l'acquit de la Contribution que les Villes auront à fournir dans le remplacement de la Gabelle, des Droits de Traite fur les Sels, de ceux de Marque des Cuirs & de Marque des Fers, & des Droits de fabrication fur les Huiles & les Amidons.

Données à Paris, le 5 Avril 1790.

LOUIS, par la grace de Dieu, & par la Loi conftitutionnelle de l'Etat, ROI DES FRANÇOIS : à tous ceux qui ces préfentes Lettres verront ; SALUT. L'Affemblée Nationale voulant adoucir pour les Villes la portion de contribution qu'elles auront à fournir, en raison de leurs droits d'entrées pour remplacement de la gabelle, des droits de traite fur le fel, des droits de marque des cuirs & de marque des fers, & des droits de fabrication fur les huiles & les amidons, & rendre la perception de cette contributi n à la fois plus sûre & plus facile, a décrété le 22 Mars dernier, & Nous voulons & ordonnons ce qui fuit :

ARTICLE PREMIER.

LA fomme dont chaque Ville fera contribuable pre vifoirement, à raifon de fes dioits d'entrée, pour le remplacement de la portion qu'elle acquittoit dans les différens droits fupprimés ou abonnés par nos Lettres-patentes fur les Décrets de l'Affemblée Nationale, du 22 Mars 1790, & autres jours précédens, fera inceffamment réglée; & fur la notion qui fera offi-ciellement donnée à chaque Ville de fa part contri-butoire, la Municipalité fera tenue de propofer au Directoire de fon Diftrict, fous quinze jours au plus tard, fon opinion fur la forme de l'établiffement qu'elle jugera le plus convenabie pour procurer cette fomme, foit par une addition de fous pour livre à fes anciens octrois, foit par une augmentation dans quelques parties de ceux-ci, qui paroîtroient n'avoir pas été fuffifamment élevés dans les tarifs, foit par un octroi nouveau fur quelques marchandifes dont les an-ciens tarifs auroient omis l'énonciation, foit par un plus grand accroiffement dans les contributions perfon-nelles, foit par les autres impofitions qui peuvent être regardées comme mitoyennes entre les impofi ns per-fonnelles & les impofitions réelles, & qui fo t relati-ves aux loyers, ou à quelques circonftances particu-lières des maifons.

II. Les Directoires de Districts feront passer dans le délai de huit jours, avec leurs avis, les délibérations desdites Villes au Directoire de leur Département, qui les enverra, dans le même espace de huit jours, avec son avis, au Sieur Contrôleur-Général de nos finances, lequel donnera communication à l'Assemblée Nationale desdites délibérations & avis, pour être par ladite Assemblée Nationale décrété, & par Nous ordonné ce qu'il appartiendra sur l'homologation ou modification desdites délibérations, & la perception desdites impositions de remplacement; & dans le cas où les Municipalités pourroient proposer leur avis avant la formation des Directoires de Districts & de Départemens, elles sont & demeureront autorisées à l'adresser directement au Sieur Contrôleur-Général de nos Finances, pour être pareillement transmis à l'Assemblée Nationale.

III. Dans le cas où le produit excéderoit dans quelques Villes la somme demandée, il fera par la Législature décrété, & par Nous ordonné ce qu'il appartiendra sur l'emploi de l'excédent au profit de ces Villes, sur l'avis du Directoire de District & du Directoire de Département.

Dans le cas de déficit, il y fera pourvu par augmentation sur les impositions directes de la Ville.

Mandons & ordonnons à tous les Tribunaux, Corps administratifs & Municipalités, que les présentes ils fassent transcrire sur leurs registres, lire, publier & afficher dans leurs Ressorts & Départemens respectifs, & exécuter comme Loi du Royaume. En foi de quoi nous avons signé & fait contresigner cesdites présentes, auxquelles Nous avons fait apposer le sceau de l'État. A Paris, le cinquième jour du mois d'Avril, l'an de grace mil sept cent quatre-vingt-dix, & de notre règne le seizième. *Signé*, LOUIS. *Et plus bas*, par le Roi, DE SAINT-PRIEST. Vu au Conseil, LAMBERT. Et scellées du sceau de l'Etat.

Lettres-Patentes du Roi, sur le Décret de l'Assemblée Nationale, du 11 du présent mois, qui autorisent la Ville de Dax, ainsi que toutes les Villes du Royaume, à continuer de percevoir les droits d'Octrois.

Données à Paris, le 20 Avril 1790.

LOUIS, par la grace de Dieu, & par la Loi constitutionnelle de l'Etat, *Roi des François :* A tous ceux qui ces présentes Lettres verront ; Salut. L'Assemblée Nationale a décrété, le 11 du présent mois d'Avril, & Nous voulons & ordonnons ce qui suit :

La Ville de Dax, ainsi que toutes les autres Villes du Royaume, sont autorisées à continuer de percevoir les droits d'Octrois, sans avoir besoin de Lettres-Patentes ni d'autres titres que ces présentes.

Mandons & ordonnons à tous les Tribunaux, Corps Administratifs & Municipalités, que les présentes ils fassent transcrire sur leurs Registres, lire, publier, afficher & exécuter dans leurs Ressorts & Départemens respectifs. En foi de quoi Nous avons signé & fait contresigner cesdites présentes, auxquelles Nous avons fait apposer le sceau de l'Etat. A Paris, le vingtième jour du mois d'Avril, l'an de grace mil sept cent quatre-vingt-dix, & de notre règne le seizième. *Signé*, LOUIS. *Et plus bas*, Par le Roi, DE SAINT-PRIEST. Vu au Conseil, LAMBERT. Et scellées du sceau de l'Etat.

C 3

Proclamation du Roi sur le Décret de l'Assemblée Nationale, du 17 Avril 1790, relatif à la Caisse d'Escompte.

Du 22 Avril 1790.

Vu par le Roi le Décret de l'Assemblée Nationale, du 17 Avril dernier, dont la teneur suit :

L'Assemblée Nationale ayant, par le Décret de ce jour, ordonné que les Billets de la Caisse d'Escompte seront remplacés par des Assignats portant intérêt à trois pour cent, à partir du 15 de ce mois, & que lesdits Billets de la Caisse d'Escompte pourroient tenir lieu de ces Assignats, jusqu'à leur fabrication, a décrété & décrète, 1°. qu'aucune émission nouvelle de Billets de la Caisse d'Escompte ne pourra être faite, d'ici à nouvel ordre, sans un Décret de l'Assemblée Nationale, & autrement qu'en présence de ses Commissaires ; 2°. qu'en présence desdits Commissaires, il sera remis, dans le jour, au Trésor public, par les Administrateurs de la Caisse d'Escompte, vingt millions en Billets, qui seront employés aux dépenses publiques, & tiendront lieu des Assignats décrétés par le Décret de ce jour.

Le Roi a sanctionné & sanctionne ledit Décret, pour être exécuté selon sa forme & teneur.

Fait à Paris, le vingt-deux Avril mil sept cent quatre-vingt dix. *Signé* LOUIS. *Et plus bas*, Par le Roi, DE SAINT-PRIEST.

Proclamation du Roi , concernant la vérification des Rôles fupplétifs pour les fix derniers mois 1789, & de ceux des Impofitions ordinaires de 1790, dans la Province de l'Ifle de France.

Du 25 Avril 1790.

Le Roi , par l'article premier des inftructiont du 21 Mars 1790, publiées par fes ordres , pour accélérer la confection des rôles fupplétifs des fix derniers mois 1789, & de ceux de 1790, dans les différentes Villes & Communautés de l'Ifle de France, a ordonné que les procès-verbaux de changemens & évaluations qui auroient été dreffés pour parvenir à la rédaction defdits rôles , par les Commiffaires aux impofitions , avec les Membres des précédentes Affemblées municipales , & fignées par lefdits Officiers municipaux avant la formation complette de la nouvelle Municipalité , auroient leur plein & entier effet. En conféquence, Sa Majefté a déclaré réguliers les rôles formés par les Commiffaires aux impofitions, d'après lefdits procès-verbaux, & ordonné que les expéditions en forme defdits rôles feroient fignées fans aucun retard , & préfentées enfuite à la vérification. Faifant Sa Majefté très expreffes inhibitions & défenfes aux nouvelles Municipalités d'élever aucune conteftation fur les évaluations antérieurement faites & réglées, & de retarder fous aucun prétexte la vérification & mife defdits rôles en recouvrement.

Sa Majefté eft informée que, malgré lefdites injonctions & défenfes, quelques-unes des nouvelles Municipalités diffèrent ou refufent de figner les rôles qui leur ont été envoyés pour être enfuite préfentés à la vérification, fous le prétexte que les procès-verbaux de changemens & évaluations ont été concertés avec les Membres dès précédentes Affemblées municipales, & non point avec elles. Pour faire cesser l'effet de ces retards inexcusables sous tous les rapports, & prévenir de semblables difficultés, Sa Majesté a ordonné & ordonne ce qui suit :

ARTICLE PREMIER.

Les nouveaux Officiers municipaux, auxquels ont été communiquées les expéditions du Rôle supplétif pour les six derniers mois 1789, ou de celui de 1790, formés & rédigés d'après les procès-verbaux de changemens & évaluations arrêtés de concert par le Commiffaire aux impofitions avec la précédente Municipalité, feront tenus de faire remettre au Receveur particulier des finances lefdites expéditions fignées d'eux, dans le délai de trois jours, à partir de celui où la préfente proclamation leur aura été fignifiée à la requête du Procureur-Syndic du Département ; faute de quoi lefdits Officiers municipaux feront perfonnellement & folidairement garans & refponfables du retard des recouvremens, fans que la préfente difpofition puiffe être réputée comminatoire ; à l'effet de quoi, faute par lefdits Officiers municipaux d'avoir, dans le délai de trois jours ci-deffus prefcrit, fait la remife defdites expéditions, le Receveur particulier des finances fera & demeurera autorifé à faire fignifier auxdits Officiers municipaux la déclaration de leur garantie & refponfabilité folidaire.

II. Lefdites expéditions des Rôles remifes au Receveur particulier des finances par les Municipalités en retard, conformément à l'article premier, feront par lui dépofées entre les mains des Officiers des Elections, pour lefdits Rôles être vérifiés & rendus exécutoires, & enfuite mis en recouvrement.

III. Pour prévenir de femblables retards , autorife Sa Majefté les Officiers des Sièges d'Election de la Province de l'Ifle-de France, à procéder à la vérification de ceux des Rôles fupplétifs des fix derniers mois 1789 & de ceux de 1790, qui ne feroient pas encore rendus exécutoires, aufli-tôt qu'ils leur feront préfentés par le Commiffaire aux impofitions , revêtus de la fignature dudit Commiffaire, & en outre de fon certificat au pied defdits Rôles , portant qu'ils ont été par lui dref-fés d'après le procès-verbal de changemens & évaluations concertés par lui avec les Membres de la précédente Municipalité , figné defdits anciens Officiers municipaux , vérifié par le Bureau intermédiaire , & étant entre fes mains. A Paris , le vingt-cinq Avril mil fept cent quatre-vingt-dix. *Signé* , LOUIS. *Et plus bas,* par le Roi , DE SAINT-PRIEST.

Proclamation du Roi, fur le Décret de l'Affemblée Nationale, du 9 du préfent mois , relatif aux mefures à remplir par les Municipalités qui voudront acquérir des Biens domaniaux ou eccléfiaftiques , & notamment par la Municipalité de Paris.

Du 25 Avril 1790.

Vu par le Roi le Décret dont la teneur fuit :

Extrait du Procès-verbal de l'Affemblée Nationale , du 9 Avril 1790.

L'Affemblée Nationale confidérant qu'il eft important d'affurer le paiement à époques fixes, des obligations municipales qui doivent être un des gages des Affignats:

Décrète que toutes les Municipalités qui voudront,

en vertu des précédens Décrets, acquérir des Biens domaniaux & ecclésiastiques, devront, préalablement au traité de vente, soumettre au Comité chargé par l'Assemblée de l'aliénation de ces Biens, les moyens qu'elles auront pour garantir l'acquittement de leurs obligations, aux termes qui seront convenus;

En conséquence, que la Commune de Paris sera tenue de fournir une soumission de Capitalistes solvables & accrédités, qui s'engageront à faire les fonds dont elle auroit besoin pour acquitter ses premières obligations, jusqu'à concurrence de soixante-dix millions;

Et qu'elle est autorisée à traiter des conditions de cette soumission, à la charge d'obtenir l'approbation de l'Assemblée Nationale.

Collationné à l'original par nous Président & Secrétaires de l'Assemblée Nationale. A Paris, le neuf Avril mil sept cent quatre-vingt-dix. Signé *le Baron* DE MENOU, *Président;* GOSSIN, MOUGINS DE ROQUEFORT, *le Marquis* DE BONNAY, *le Prince* DE BROGLIE, BREVET DE BEAUJOUR, LA POULE, *Secrétaires.*

Le Roi a sanctionné & sanctionne ledit Décret, ordonne qu'il sera envoyé à toutes les Municipalités, pour être exécuté par chacune d'elles selon sa forme & teneur.

Fait à Paris, le vingt cinq Avril mil sept cent quatre-vingt-dix. *Signé* LOUIS. *Et plus bas*, par le Roi, DE SAINT-PRIEST.

Lettres-Patentes du Roi, sur un Décret de l'Assemblée Nationale, interprétatif de celui des 8 & 9 Octobre dernier, concernant la réformation provisoire de la Procédure criminelle.

Données à Paris, le 25 Avril 1790.

Louis, par la grace de Dieu, & par la Loi constitutionnelle de l'État, *Roi des François :* A tous ceux qui ces présentes Lettres verront ; Salut. L'Assemblée Nationale, ouï le rapport du Mémoire remis par notre très-cher & féal Garde-des-Sceaux de France, & de plusieurs autres Adresses concernant des difficultés élevées sur l'exécution de son Décret des 8 & 9 Octobre dernier, par Nous sanctionné, touchant la réformation provisoire de l'Ordonnance criminelle ; considérant combien il importe qu'une Loi aussi essentielle à la sûreté publique & à la liberté individuelle, soit uniformément conçue & exécutée par ceux qui sont chargés de l'appliquer, a décrété, le 22 de ce mois, & Nous voulons & ordonnons ce qui suit :

ARTICLE PREMIER.

Les Adjoints doivent être appelés au rapport des procédures sur lesquelles interviendront les Décrets.

II. Les Adjoints qui assisteront au rapport, ne pourront interrompre le Rapporteur ; mais avant de se retirer, ils pourront faire aux Juges toutes les observations qui, pour l'éclaircissement des faits, leur paroîtront convenables.

III. La présence des Adjoints aura lieu dans tous les cas, jusqu'à ce que les accusés, ou l'un d'eux, ayent

fatisfait au Décret, ou que le jugement de défaut ait
été prononcé contre eux ou l'un d'eux ; & , après cette
époque, le furplus de la procédure fera fait publique-
ment , tant à l'égard des accufés préfens, qu'à l'égard
des accufés abfens ou contumax.

IV. Nul Citoyen ne fera contraint d'accepter la fonction honorable de repréfenter la Commune en qualité
d'Adjoint.

V. Les Juges ou les Officiers du Miniftère public feront notifier, par un écrit figné d'eux, aux Greffes dés
Municipa'ités , l'heure·à laquelle ils devront procéder
aux actes pour lefquels ils requièrent l'affiftance des
Adjoints , & les Municipalités feront chargées de pourvoir à ce qu'il fe trouve toujours des Notables difpofés à
remplir cette fonction.

VI. Si les Adjoints, ou l'un d'eux , ne fe trouvent pas,
à l'heure indiquée, à l'acte de procédure auquel ils auront été requis d'affifter, le Juge, pour procéder audit
acte, fera tenu de nommer en leur place un ou deux
d'entre les Notables lu Confeil de la Commune ; &
s'ils ne comparoiffent pas , le Juge paffera outre à la
confection dudit acte , en faifant mention de fa réquifi-
tion , de l'abfence des Adjoints ou de l'un d'eux , de la
nomination fupplétoire par lui faite , & de la non-com-
parution des Notables du Confeil de la Commune : la·
dite mention à peine de nullité.

VII. Les Adjoints qui feront parens ou alliés des
Parties, jufqu'au quatrième degré inclufivement , feront
tenus de fe récufer. Lorfqu'un Adjoint comparoîtra,
pour la première fois, dans une procédure, le Juge fera
tenu de l'avertir de cette obligation, & de lui déclarer les
noms, furnoms & qualités des plaignans , ainfi que ceux
des accufés qui fe trouveront dénommés dans la plainte,

à peine de nullité, fans que néanmoins on puiffe déclarer nul l'acte auquel des parens, avertis par le Juge,
auroient affifté comme Adjoints, en diffimulant leur
qualité, ou faute d'avoir fu qu'ils fuffent parens de l'une
ou de l'autre des Parties : la parenté des Adjoints avec
les Officiers du Miniftère public, n'eft point une caufe
de récufation.

VIII. Lorfqu'un acte d'inftruction ne fe fera que par le
Juge feul, accompagné du Greffier, les Adjoints qui y affif-
teront prendront féance après le Juge, au même bureau.
Si l'acte fe fait en la Chambre du Confeil & le Tribunal affemblé, les Adjoints prendront féance au banc
du Miniftère public & après lui.

IX. Il ne fera donné aucun Confeil à l'accufé ou aux
accufés contumax ou abfens.

X. Il ne fera délivré par le Greffier qu'une feule copie fans frais, fur papier libre, de toute la procédure,
quand bien même il y auroit plufieurs accufés qui re-
querroient ladite copie, & elle fera remife au Confeil
de l'accufé ou à l'ancien d'âge des Confeils, s'il y en a
plufieurs. Pourront néanmoins les autres accufés fe faire
expédier telles copies qu'ils voudront, en payant les frais
d'expédition.

XI. Lorfqu'il y aura un ou plufieurs accufés, chacun
d'eux fera interrogé féparément, & il ne fera pas donné
copie des interrogatoires fubis par les autres à ceux qui
feront interrogés les derniers, fi ce n'eft après qu'ils auront eux-mêmes fubi leurs interrogatoires.

XII. L'accufé ni fon Confeil ne pourront, dans l'in-
formation, adreffer ni faire adreffer aucune interpellation
au témoin ; mais, lors de la confrontation, l'accufé ou
fon Confeil qui auront remarqué dans la dépofition du

témoin, ou dans fes déclarations, quelque circonftance propre à éclaircir le fait, ou à juftifier l'innocence de l'accufé, pourront requérir le Juge de faire à ce fujet au témoin les interpellations convenables, & néanmoins l'accufé ni fon Confeil ne pourront, en aucun cas, adreffer directement au témoin aucune interpellation.

XIII. Les difpofitions de nos Lettres - Patentes du mois d'Octobre dernier, concernant la réformation provifoire de la procédure criminelle, non plus que celles des préfentes, n'auront aucune application au cas où le titre d'accufation ne pourra conduire à une peine afflictive ou infamante.

XIV. A l'avenir, tous les procès de petit criminel feront portés & jugés à l'audience, & ne pourront, en aucun cas, être réglés à l'extraordinaire, à quelque fomme que les dommages & intérêts paroiffent devoir s'élever en définitif, dérogeant à toutes Loix & Règlemens à ce contraires.

MANDONS & ordonnons à tous les Tribunaux, Corps adminiftratifs & Municipalités, que les Préfentes ils faffent tranfcrire fur leurs Regiftres, lire, publier & afficher dans leurs Refforts & Départemens refpectifs, & exécuter comme Loi du Royaume. En foi de quoi Nous avons figné & fait contre-figner cefdites Préfentes, auxquelles nous avons fait appofer le Sceau de l'Etat. A Paris, le vingt-cinquième jour du mois d'Avril, l'an de grace mil fept cent quatre-vingt-dix, & de notre règne le feizième. *Signé*, LOUIS. *Et plus bas*, Par le Roi, DE SAINT-PRIEST. Et fcellées du Sceau de l'Etat.

Proclamation du Roi, pour les Impofitions de 1790, en Languedoc.

Du 25 Avril 1790.

Le Roi a fait connoître, par fa Proclamation du 27 Décembre dernier, de quelle manière il devoit être procédé en Languedoc à l'impofition des biens ci-devant privilégiés, tant pour les fix derniers mois 1789, que pour la préfente année 1790 ; mais différens doutes qui fe font élevés fur l'exécution de cette Loi, exigent que Sa Majefté explique plus particulièrement fes intentions. Il eft néceffaire en même temps qu'Elle pourvoye à ce que, conformément au Décret de l'Affemblée Nationale du 26 Septembre dernier, fanctionné par les Lettres-Patentes du 27 du même mois, les impofitions de 1790 foient levées dans cette Province fur le même pied qu'elles l'ont été en 1789, en cotifant néanmoins les ci-devant Privilégiés avec les autres contribuables, dans la même proportion & la même forme, à raifon de leurs propriétés, exploitations, & autres facultés. Sa Majefté s'eft fait repréfenter, à cet effet, les Lettres-Patentes, Commiffions & Arrêts portant fixation des fommes à impofer en 1789, tant pour le don gratuit, que pour la capitation & impofitions acceffoires, vingtièmes & autres, enfemble les Lettres-Patentes du 26 Mars dernier, fur le Décret du 23, portant établiffement en Languedoc d'une Commiffion principale & des Commiffions fecondaires, qui puiffent, à défaut de Commiffions intermédiaires dans cette Province, affurer le recouvrement defdites impofitions. En conféquence, Sa Majefté a ordonné & ordonne ce qui fuit :

ARTICLE PREMIER.

Pour compofer la Commiffion provifoire, établie par

.'article premier du Décret du 23 Mars de niet, Sa Majesté a nommé le sieur Chauliac, Officier Municipal de Touloufe; le sieur Gauzy, Doyen du Chapitre de Castelnaudary; le sieur Souteyran neveu; le sieur Sicard, Conseiller en la Cour des Aides de Montpellier; le sieur Boissier de Sauvage, d'Alais; le sieur Boyer, Substitut du Procureur de la Commune à Alby; le sieur de l'Hermet, ancien Syndic du Diocèse de Mende, & le sieur Barruel, Lieutenant général de la Sénéchaussée de Villeneuve-de-Berg.

II. Ladite Commission procédera à la répartition des impositions de la présente année 1790, suivant les formes usitées dans la Province de Languedoc, en y comprenant les biens ci-devant privilégiés, ainsi qu'il est prescrit par le Décret du 26 Septembre dernier, & elle connoîtra de tous les objets attribués ci-devant à la Commission des vingtièmes, jusqu'à ce qu'il en soit autrement ordonné.

III. Sous la dénomination des biens privilégies, seront compris, non-feulement les fonds de terre, bois, maisons, châteaux, moulins, forges, verreries, pêcheries, usines & fabriques, enfin, toute espèce d'immeubles réels, reconnus ou réputes nobles, mais encore les cens, champarts, bacs, péages, rentes feigneuriales, dîmes ecclésiastiques ou inféodées, & autres redevances ou droits & revenus quelconques, tenus noblement, & qui par cette raison n'étoient point assujettis à la taille.

IV. Dans le Département desdites impositions, il fera fait distinction entre les fonds d'héritages, c'est-à-dire, les fonds de terre ou bâtimens de toute espèce, ci-devant tenus noblement, & les droits ou revenus nobles, consistant en cens, champarts, rentes feigneu-riales,

riales , &c. pour, du produit de la contribution qui sera supportée par les fonds d'héritages, être fait un moins imposé sur l'universalité de la Province, tandis que la contribution des droits & revenus nobles ne profitera qu'aux Municipalités dans le territoire desquelles lesdits droits seront perçus.

V. Les fonds d'héritages & autres immeubles réels, ci-devant privilégiés, seront allivrés conformément à ce qui est prescrit par les articles II, III & IV de la Proclamation du 27 Décembre dernier, & portés tant sur les Rôles de supplément des Impositions ordinaires & directes, pour les six derniers mois 1789 , que sur les Rôles des mêmes Impositions pour l'année 1790, sauf aux Communautés dans lesquelles les fonds de terre ci-devant nobles ont été ajoutés aux compoix, à s'en tenir à cet allivrement, pour régler la cotisation desdits biens à la taille ; & dans les Communautés où lesdits fonds d'héritages ci-devant privilégiés ne sont pas portés sur le compoix, l'allivrement en sera réglé également d'après les déclarations des Propriétaires, ou suivant l'évaluation & estimation qui en seront faites par Experts, au *prorata* des biens ruraux du même taillable.

VI. Quant aux cens , rentes seigneuriales & autres droits ou revenus nobles, il en sera fait déclaration par les Propriétaires, conformément à l'article II de la Proclamation du 27 Décembre, ou à défaut de déclaration, il en sera fait évaluation par enquête sur commune renommée ; & sur ladite déclaration ou évaluation, lesdits revenus & droits nobles seront allivrés dans chaque Communauté sur la proportion exacte du compoix-terrier, de telle manière que cent livres de revenus de cette espèce supportent le même allivrement qu'un fonds d'héritage d'un pareil produit, & par conséquent la même contribution à la taille ; auquel effet cet allivrement fera additionné aux rôles & brevêts ordinaires dans chaque taillable.

VII. Les fonds de terre & autres immeubles réels, qui ne font enclavés dans le territoire d'aucune Communauté, ainfi que les maifons & terres fituées dans les Villes ou Communautés ci-devant franches & immunes de tailles, feront allivrés par les Commiſſions fecondáres, établies en vertu du Décret du 23 Mars dernier, fuivant les formes ci-deſſus prefcrites, à moins que lefdites Villes ou Communautés franches n'aient déjà un compoix pour leurs affaires particulières, dans lequel les biens-fonds & maifons feroient allivrés ; auquel cas il fera procédé feulement à l'eftimation générale de leur terroir, eu égard à l'allivrement des autres Communautés dans le tarif du Diocèfe.

VIII. A l'égard des cens, rentes & autres droits ou revenus nobles, aſſis ou perçus dans le territoire defdites Villes & Communautés franches, l'allivrement en fera fait & réglé ainfi qu'il eft prefcrit par l'article VI de la préfente Proclamation. Permet néanmoins Sa Majefté aux Commiſſions fecondaires de traiter par abonnement, s'il y a lieu, avec les Habitans defdites Communautés & les Propriétaires defdits biens & droits nobles, de la fomme à payer, tant pour les fix derniers mois 1789, que pour la préfente année 1790.

IX. Faute par les Poſſeſſeurs & Propriétaires des biens-fonds, revenus & droits fpécifiés dans les articles pré-cédens, de fournir leurs déclarations dans le délai d'un mois, à compter du jour de la publication de la pré-fente Proclamation, les Municipalités ou Communautés dans le territoire defquelles les biens nobles défignés par les articles V & VII, font fitués ou perçus, & les Com-miſſions fecondaires, pour ceux des biens défignés par

les articles VI & VIII, feront procéder à leur allivrement ;
favoir, pour les fonds d'héritages nobles ou immunes
de tailles, par la voie de l'arpentage & eſtimation par
Experts ; & pour les revenus & droits nobles, par la voie
de l'enquête ſur commune renommée ; dans leſquels cas
les frais faits pour parvenir audit allivrement, feront
à la charge des Propriétaires défaillans ou refuſans,
contre leſquels il fera délivré exécutoire pour le paiement
de ces frais.

X. Les Maires & Officiers Municipaux des Villes &
Communautés, après en avoir délibéré avec les Notables,
enverront le plutôt poſſible aux Commiſſions ſecondaires
les états détaillés, par déſignation de Propriétaires, tant
des fonds d'héritages & immeubles réels précédemment
tenus noblement, & enclavés dans leur territoire, que
des droits & revenus nobles perçus dans leur même territoire, en uſant de la diſtinction établie par l'article IV.
Ils enverront en outre l'état du nouvel allivrement, &
la note du montant de la contribution que cet allivrement auroit ſupporté s'il eût été compris dans les Rôles
ordinaires de 1789, de laquelle contribution moitié formera la cotte ſupplétive à ſupporter par les biens &
droits ci devant privilégiés pour les ſix derniers mois de
ladite année 1789.

XI. Quinze jours après l'envoi des états mentionnés
en l'article précédent, chaque Commiſſion ſecondaire
adreſſera à la Commiſſion principale établie en la ville
de Montpellier, le tableau général deſdits états ; & ſur
ces tableaux réunis, la Commiſſion principale rédigera
le Rôle général de la contribution qui ſera ſupportée par
tous les fonds d'héritages ci devant privilégiés : elle formera enſuite celui du moins impoſé, réſultant des cotes
ſupplétives des ſix derniers mois 1789, lequel profitera
à l'univerſalité des Contribuables, au moins ſur le der-

D 2

nier terme de leur contribution ; fi l'état ne pouvoit en être plutôt arrêté, afin que les perceptions ordinaires n'éprouvent aucun retard.

XII. La Capitation faifant partie des Impofitions ordinaires & directes, les Eccléfiaftiques y feront affujettis comme les autres Contribuables, tant pour les fix derniers mois 1789, que pour la préfente année 1790 : pourront néanmoins lefdits Eccléfiaftiques, conformément au Décret de l'Affemblée Nationale, du 23 Janvier dernier, donner en compenfation de leur cotifation fupplétive tant à la Capitation qu'aux autres Impofitions, pour les fix derniers mois 1789, les quittances des décimes par eux payées pour le même fémeftre 1789.

XIII. Au moyen de la contribution qui fera fupportée par les biens, droits & revenus ci-devant privilégiés, conformément à ce qui eft prefcrit ci-deffus, le Rôle connu dans la Province fous le nom de *Rôle des Vingtièmes des biens & droits nobles, bacs & péages*, &c. fera fupprimé, & le montant des fommes qui y étoient portées, fera additionné aux autres impofitions de l'année 1790.

XIV. Les Rôles de fupplément pour les fix derniers mois 1789, ordonnés par l'article II du Décret du 26 Septembre dernier, & qui doivent être mis à la fuite des Rôles des anciens contribuables, énonceront les noms, qualités & demeures de tous les privilégiés qui poffèdent des biens en franchife perfonnelle ou réelle, Laïcs ou Eccléfiaftiques ; la défignation de ces biens, ainfi que le montant des cottes refpectives aux impofitions qui, d'après ledit Décret, leur deviennent communes avec les anciens taillables.

XV. En exécution du Décret du 26 Septembre dernier, les impofitions ordinaires, directes & indirectes, à lever en 1790, pour le Tréfor royal, feront réglées, levées & perçues fur tous & chacun les Dio-cèfes du Languedoc, conformément aux Commiffions, Lettres-patentes & Arrêts du Confeil, qui ont réglé ces impofitions pour l'année 1789.

XVI. Permet Sa Majefté d'impofer en fus des fom-mes provenantes de l'article précédent, celles qui fe-ront jugées néceffaires par la Commiffion principale, pour les dépenfes particulières de la Province, ou de celles des Sénéchauffées qui, fuivant l'ancien ufage, pourvoyoient, par des Départemens féparés, à leurs charges refpectives. Et feront en outre levées toutes les fommes qui font réglées & d'ufage, tant pour les taxations & remifes ordinaires du Tréforier général de la Province & des Receveurs particuliers, que pour l'acquittement des frais de Rôle, de collecte & de recouvrement, & pour faire face aux non-valeurs, décharges ou modérations, s'il y échoit; fauf à ladite Commiffion principale & aux Commiffions fecondai-res, à déterminer l'emploi des impofitions levées pour acquitter les charges de la Province.

XVII. Les Rôles de fupplément fur les ci-devant privilégiés, pour les fix derniers mois 1789, feront re-couvrés par les Collecteurs de l'année 1789; & quant aux impofitions de l'année 1790, les Rôles en feront recouvrés par les Collecteurs choifis ou nommés fuivant l'ufage de la province pour ladite année, ainfi & de la manière que l'ont été les Rôles des impofitions cor-refpondantes en 1789; tous les règlemens rendus fur le fait des impofitions, & particuliers à la province de Languedoc, devant être exécutés en tout ce qui n'y eft pas dérogé par la préfente Proclamation.

XVIII. Le produit des impofitions de 1790 fera, conformément aux Lettres patentes du 3 Février dernier,

D 3

fur le Décret de l'Affemblée Nationale du 30 Janvier précédent, verfé net, aux termes ordinaires & accoutumés, par les Collecteurs & Receveurs de chaque Ville ou Communauté, entre les mains du Receveur de chaque diocèfe, & par celui-ci, à fur & à mefure de fes recouvremens, en la caiffe du Tréforier général de la province de Languedoc.

XIX. La Commiffion principale & les Commiffions fecondaires font autorifées à traiter avec le Tréforier général de la province, & avec les Receveurs particuliers des diocèfes, aux conditions ordinaires, pour l'avance du premier terme des contributions.

XX. N'entend néanmoins Sa Majefté rien innover quant à l'emploi & au verfement de la partie des impofitions levées pour le Tréfor royal, ou pour les objets relatifs au fervice qui ont une deftination précife, laquelle fera confervée & maintenue comme par le paffé jufqu'à nouvel ordre.

XXI. Enjoint Sa Majefté aux Commiffaires qui doivent compofer tant la Commiffion principale féante à Montpellier, que les Commiffions fecondaires dans les villes, chefs-lieux des diocèfes, établies en exécution du Décret du 23 Mars dernier, ainfi qu'à tous autres exerçant les fonctions municipales dans les villes, paroiffes & Communautés du Languedoc, de concourir, veiller, s'employer & tenir la main à l'exécution de la préfente Proclamation, qui fera imprimée, publiée & affichée par-tout où befoin fera. A Paris, le 25 Avril 1790. *Signé*, LOUIS. *Et plus bas*, par le Roi, DE SAINT-PRIEST.

Lettres-Patentes du Roi, fur le Décret de l'Affemblée Nationale, concernant l'Affiette des Impofitions ordinaires de la ville de Paris, de l'année 1790.

Données à Paris le 19 Avril 1790.

LOUIS, par la grace de Dieu, & par la Loi conftitutionnelle de l'Etat, ROI DES FRANÇOIS : A tous préfens & à venir; SALUT. L'Affemblée Nationale, d'après le compte qui lui a été rendu par fon Comité des Finances, du régime qui a exifté par le paffé, pour l'affiette des Impofitions ordinaires de la ville de Paris, a reconnu que, pour remplir l'efprit de fes Décrets des 26 Septembre & 28 Novembre 1789, concernant les Impofitions de 1790, il devenoit indifpenfable d'endéterminer plus précifément les bafes pour l'affiette des Impofitions ordinaires de la préfente année 1790 : en conféquence elle a décrété, le 18 de ce mois, & Nous voulons & ordonnons ce qui fuit :

ARTICLE PREMIER.

Tous les Habitans de la ville de Paris, indiftinctement, feront compris dans le même Rôle, pour l'impofition ordinaire à payer par chacun d'eux pour la préfente année 1790 : le montant des locations fera l'unique bafe de la fixation des taxes, toutes les fois que le Contribuable n'aura point de voiture.

II. Lefdites Taxes feront réglées; favoir, pour les loyers au-deffous de cinq cents livres, à raifon de neuf deniers pour livre du montant defdits loyers; pour céux de cinq cents livres & au-deffus, jufqu'à moins de fept cents livres, à raifon du fou pour livre, ou du vingtième des loyers; & enfin, pour ceux de fept cents livres &

D 4

au-deſſus, à raiſon du quinzième du montant des locations ; le tout avec deux ſous pour livre additionnels
ſeulement, au lieu de quatre ſous pour livre qui étoient
précédemment perçus. Les Taxes des ſimples Journaliers
ſeront réduites de trente ſix ſous, à quoi elles étoient
fixées par le paſſé, à vingt-quatre ſous ſeulement, ſans
aucuns acceſſcires.

III. Il ne ſera dérogé aux proportions réglées par l'article
précédent, que pour les Contribuables avant une voiture, ſoit à deux chevaux, ſoit à un ſeul cheval, leſquels ne pourront être impoſés, les premiers, à moins
de cent cinquante livres de principal, & les ſeconds à
moins de cent livres auſſi de principal ; mais la baſe
du loyer ſera auſſi préférée toutes les fois qu'il en ré-
ſultera une cotiſation excédant les fixations ci-deſſus déterminées.

IV. Il ſera ajouté à chaque cotte ainſi réglée, à l'exception de celles relatives à des loyers au-deſſous de
cinq cents livres ; ſavoir, deux ſous pour livre à celles
provenant des loyers de cinq cents livres & au deſſus,
juſqu'à moins de ſept cent livres, & quatre ſous pour
livre, à celles relatives à des loyers de ſept cents livres
& au-deſſus, pour tenir lieu de la taxe individuelle à
laquelle les domeſtiques étoient ci-devant impoſés.

V. Les Rôles des Impoſitions de la Ville de Paris
ſeront encore, pour la préſente année 1790, arrêtés &
rendus exécutoires, ainſi & de la même manière que
l'ont été ceux de l'année 1789.

VI. Les Contribuables qui auroient des réclamations
à faire contre leur cotiſation dans les Rôles de 17 0,
ſe pourvoiront, juſqu'à ce qu'il en ait été autrement

ordonné, pardevant le Comité composé des Conseillers-Administrateurs de la Ville de Paris, au département des Impositions, lequel, présidé par le Maire, ou en son absence, par le Lieutenant de Maire, statuera sur lesdites réclamations, provisoirement & sans frais, conformément au Décret de l'Assemblée Nationale, du 15 Décembre 1789, concernant le Jugement des contestations relatives aux Impositions de ladite année 1789 & années antérieures.

Mandons & ordonnons à tous les Tribunaux, & à la Municipalité de Paris, que ces présentes ils fassent transcrire sur leurs Registres, lire, publier & afficher dans leurs Ressorts & Départemens respectifs, & exécuter comme Loi du Royaume. En foi de quoi Nous avons signé & fait contresigner ces présentes, auxquelles Nous avons fait apposer le Sceau de l'Etat. A Paris, le vingt-neuvième jour du mois d'Avril, l'an de grace mil sept cent quatre vingt dix, & de notre règne le seizième. *Signé*, LOUIS. *Et plus bas*: Par le Roi, DE SAINT PRIEST. Vû au Conseil, LAMBERT. Et scellées du Sceau de l'Etat.

Adresse de l'Assemblée Nationale aux François, sur l'émission des Assignats-monnoie.

Du 30 Avril 1790.

L'Assemblée Nationale vient de faire un grand pas vers la régénération des Finances. Elle s'est déterminée à de grands sacrifices; elle n'a été arrêtée par aucun obstacle, par aucun préjugé: le salut de l'Etat lui en imposoit le devoir. Espérant tout de l'esprit public, qui chaque jour femble acquérir de nouvelles forces, l'Affemblée Nationale eût pu ne craindre aucune fauffe interprétation de fes motifs & fe repofer fur leur pureté ; mais cette confcience d'elle-même ne lui fuffit pas. Elle veut que la Nation entière puiffe la juger, & jamais de plus grands intérêts n'ont été foumis à un Tribunal plus impofant.

Donner une Conftitution à l'Empire, affurer par elle le deftin de la fortune publique, & par la fortune publique, le maintien de la Conftitution ; telle fut la miffion de l'Affemblée Nationale.

François, les bafes de la Conftitution font pofées ; le Roi que vous chériffez les a acceptées ; vos fuffrages ont accueilli ce premier fruit de nos travaux ; & dès ce moment, c'eft avec la certitude que nous allions travailler pour un peuple libre, que nous avons entrepris de rétablir l'ordre dans les Finances.

Un abyme étoit ouvert devant nous ; des impôts à la fois exceffifs & oppreffeurs dévoroient en vain la fubftance du Peuple ; ils étoient infuffifans à l'immenfité des charges publiques : foixante millions de nouveaux fubfides les euffent à peine acquittées ; & tandis que les dépenfes les plus néceffaires étoient arriérées, tandis que les créanciers les plus légitimes étoient foumis à d'injuftes délais, les reffources même de l'avenir n'avoient pas été refpectées.

L'Affemblée Nationale n'a oppofé à tant de défordres que votre autorité, fon courage & fes principes. Jufte & inébranlable à la fois, ce que chacun de vous eût dit, elle l'a dit en votre nom. Fidélité pour tous les engagemens, foulagement pour le peuple ; tel étoit votre vœu, tel a été fon ferment.

Une recherche févère fur les dépenfes, lui a prouvé que la fomme des anciens revenus feroit plus que fuffifante, lorfqu'ils cefferoient d'être prodigués. Elle a or-

donné auffitôt toutes les économies qui pouvoient s'o-
pérer fans délai ; elle a tout préparé pour les autres.

L'examen des anciens revenus lui a montré que le
Peuple pouvoit être fort foulagé, fans que le tréfor
public fût appauvri : déjà le plus défaftreux des impôts
a été remplacé par un fubfide que n'accroiffent plus
des frais immenfes de perception, & cette première
opération n'eft que l'effai d'un plan général.

L'arriéré des dépenfes étoit incaculable, & le défordre fe perpétuoit à la faveur des ténèbres qui l'envelop-
poient : l'Affemblée Nationale a porté la lumière dans
cette obfcurité ; elle a foumis à une liquidation rigou-
reufe tout ce qui étoit dû au premier Janvier dernier,
& à un payement régulier toutes les dépenfes à partir
de ce jour.

Les anticipations abforboient une grande partie des
revenus de l'année, & leur renouvellement eût continué,
dans les annés fuivantes, de mettre au hafard d'un
crédit incertain & ruineux les befoins les plus urgens &
les engagemens les plus facrés. L'Affemblée n'a point
voulu facrifier plus long-temps l'avenir au préfent, &
fans autre calcul elle a défendu toute anticipation
nouvelle.

Elle employoit en même temps tous fes coopérateurs,
les uns à approfondir la dette publique, en en prépa-
rant la liquidation, les autres à méditer un fyftème
d'impofition établi fur les bafes de la liberté, & réglé d'après les véritables convenances de la chofe publique ; d'autres à combiner les befoins de l'Etat avec
ceux de l'agriculture & du commerce ; d'autres enfin, à
connoître la valeur des domaines que, dans des temps
plus heureux ou moins éclairés, nos pères avoient affi-
gnés à l'acquittement d'une partie des charges publiques.
L'Affemblée Nationale préparoit ainfi les matériaux du
plan régénérateur que les Repréfentans de la Nation

pouvoient feuls entreprendre avec quelque efpoir de fuccès.

Ce plan fi vafte, fruit de tant de travaux divers, ne pouvoit promettre ces réfultats heureux que dans l'avenir. L'Affemblée Nationale en a irrévocablement fixé le terme à l'année prochaine, & pour atteindre à cette époque, fans compromettre, ni la fûreté publique, ni les principes d'une fage adminiftration, elle a porté une attention courageufe fur les befoins urgens de la préfente année.

C'eft fur cette année particulièrement que pefoit l'accumulation de tous les défordres précédens. Tandis que la plus grande partie des recettes ordinaires étoit fufpendue ou détruite, foit par les chocs inféparables de la plus heureufe révolution, foit par l'incertitude qui accompagne les changemens même les plus favorables, tandis que la réduction des dépenfes ne donnoit encore que des fecours lents & graduels, il falloit à-la fois fournir aux frais de l'adminiftration générale, acquitter une dette de cent foixante-dix millions, contractée fous la foi publique, avec une banque dont le crédit avoit été la feule reffource de l'année dernière ; éteindre cent quarante-un millions de ces anticipations profcrites par nos Décrets & par la voix publique, & redevenir juftes envers les rentiers de l'Etat, envers ces rentiers qui n'ont pas reçu encore les reftes de l'année 1788, & dont l'aifance ou la mifère influe fi directement fur toutes les claffes de l'induftrie.

Telle étoit la pofition fur laquelle l'Affemblée Nationale a ofé fixer fes regards, fans défefpérer de la Patrie, & fans être détournée du ferme deffein de rejetter toute mefure qui mettroit obftacle au fuccès de fes méditations pour l'année 1791.

Le falut de l'Etat tenoit donc évidemment à la découverte & à l'emploi de reffources tout à-la fois nou-

velles & immenses, avec lesquelles il fût possible d'atteindre cette époque importante, & sur-tout de l'atteindre
dre sans accroître des charges déjà trop pesantes, &
a ns ell'ayer les moyens illusoires d'un crédit anéanti.

Déterminée par ces puissantes considérations, con-
vaincue, après un examen approfondi, qu'elle suivoit
la seule marche convenable, l'Assemblée Nationale a
rejeté tout expédient incertain; elle a osé croire qu'une
nation puissante, qu'un peuple libre & gouverné par
des loix, pouvoit, dans des circonstances difficiles, se
commander à lui même ce que l'autorité arbitraire eût
en vain sollicité de la confiance publique. Déjà l'Assemblée avoit décrété le 19 Décembre dernier, une
création d'Assignats sur le produit d'une vente des biens
ecclésiastiques & domaniaux, jusqu'à la concurrence
de quatre cents millions; déjà elle les avoit destinés
à des remboursemens & à un subside pour les dépenses de l'année courante. En confirmant de nouveau
ces dispositions, l'Assemblée Nationale vient de
décréter que ces assignats feroient l'office de monnoie.

Délivrée par ce grand moyen de toute incertitude,
& de tous les résultats ruineux d'un crédit abandonné
sans cesse aux caprices de la cupidité, la Nation n'a plus
besoin que d'union, de constance, de fermeté, que
d'elle-même en un mot, pour assurer à ce Décret les
plus heureux effets, pour qu'il ramène dans le public
& dans toutes les branches de l'industrie épuisée, la
force, l'abondance & la prospérité.

François, les ennemis de la liberté peuvent seuls
affoiblir cette espérance : il importe de rendre inutiles
leurs insinuations; il importe de prouver jusqu'à l'évi-
dence, que la résolution de l'Assemblée Nationale n'est
pas seulement fondée sur la plus impérieuse nécessité,
mais qu'elle l'est encore sur des principes sains, qu'elle

eſt ſans inconvéniens, que ſous tous les rapports enfin c'elt une loi ſage & ſalutaire.

Portez un inſtant vos regards en arrière ; c'eſt le déſordre des finances qui nous ramène les jours heureux de la liberté : appelés par un Roi citoyen au ſecours de la choſe publique, vous ne pouviez la ſauver d'une manière ſûre, honorable pour vous & pour lui, qu'en détruiſant les cauſes qui, après vous avoir accablés de maux, pourroient les reproduire un jour & peut-être les rendre incurables. Le mépris des droits de l'homme étoit le principe de vos malheurs ; dès ce moment vos Repréſentans ont dû poſer les droits de l'homme pour baſe d'une Conſtitution propre à conſerver au Royaume ſa force, aux François leur dignité, à la choſe publique tous les avantages réſultant de notre heureuſe poſition. Dès ce moment auſſi, les vrais Repréſentans de la Nation, ceux qui, ne voulant rien pour eux, ont tout demandé pour elle, n'ont eu que des combats à ſoutenir : ils les ont ſoutenus avec courage ; l'Aſſemblée Nationale n'en a que mieux connu vos vrais intérêts.

Par-tout où, ſous l'empire de la liberté, l'homme jouit de tous les droits dont la ſociété ne peut le priver ſans injuſtice, l'eſprit de corps ne ſauroit être conſervé ſans danger. Il tend ſans ceſſe à ſéparer ſon intérêt de l'intérêt commun : tous les moyens de réunion qu'on lui laiſſe ſont des armes offenſives. Vainement voudroit-on employer l'intérêt ſacré de la Religion, pour juſtifier une exception à ces principes, ſans leſquels il n'y a point de liberté. Les ſaints devoirs que la Religion preſcrit, les auguſtes myſtères dont elle conſerve la tradition, exigent ſans doute une profeſſion particulière, une profeſſion qui conſacre la vie entière à ſoutenir de grandes vérités par de grands exemples ; mais elle ne doit pas ſéparer ceux qui l'embraſſent du reſte des citoyens. L'influence morale de la Religion ne doit donner aucune influence politique à ses Ministres. Ainsi, travaillant à régénérer la France, à lui rendre la vraie liberté, à réunir tous les intérêts privés, toutes les volontés particulières sous l'empire de la volonté générale, la Nation a dû reprendre à elle la disposition de biens qui n'ont pu cesser de lui appartenir, de biens qui servoient moins à l'entretien décent des vrais Ministres du culte, qu'à constituer un Etat dans l'Etat, & à favoriser une dangereuse indépendance.

Dès-lors la Nation a dû faire de ces biens l'usage le plus sage, selon les conjonctures où elle se trouve.

Subvenir à des dépenses de sûreté, acquitter des engagemens dont la suspension est tout à la fois désastreuse pour les citoyens, & honteuse pour la Nation, sont les premiers besoins, ou plutôt les premiers devoirs. Eût-il été possible de les négliger long-temps, sans compromettre le sort des Ministres de la Religion eux-mêmes? peut-on concevoir une classe d'hommes, une classe de propriétés qui n'eût été perdue dans la confusion & dans l'anarchie? l'Assemblée Nationale eût donc manqué à tous les principes, elle eût trahi votre confiance en hésitant de consacrer dès-à-présent une portion des Domaines nationaux à la sûreté & au soulagement de toute la Nation.

Quelles circonstances furent jamais plus impérieuses?

Les ennemis de la Liberté n'ont plus de ressource que dans les désordres & dans les plaintes de la misère : ils s'aveuglent sans doute, s'ils pensent triompher du désespoir; mais nous ne mériterions pas d'être libres, si nous ne réunissions tous nos efforts pour prévenir d'aussi déplorables extrémités.

Ainsi, c'est sous l'empire des principes politiques les plus certains & des besoins les plus urgens, que l'Assemblée Nationale acceptant l'intervention & le secours des Municipalités, a décrété la vente de ces Domaines

dont le fage emploi pouvoit feul arrêter les progrès
du mal ; & puifque leur ancienne adminiftration ne
peut plus fubfifter, puifqu'en les rendant à la circulation, ils feront une fource plus féconde de richeffes
nationales, l'Affemblée a fatisfait à tous fes devoirs,
en difpofant de ces biens ; mais dès-lors elle devoit
mettre à la charge de la Nation entiere toutes les dépenfes qu'ils acquittoient.

La Religion, fes Miniftres, les Religieux, les Pauvres font à la Nation; vos Repréfentans ont décrété que
dorénavant les frais du culte, le traitement jufte & honorable des Miniftres des autels, l'entretien des Religieux, celui des Pauvres, feroient fournis par le Tréfor
de la Nation ; elle a placé les créanciers du Clergé au
rang des créanciers de l'État. Aux biens eccléfiftiques qui
font dans la Nation, elle a joint tous les fiens pour
répondre des mêmes charges. Ces difpofitions font fages :
vous n'en feriez en aucun temps ni de plus fûres, ni
de plus conformes à la faine politique, ni de mieux
afforties au véritable efprit de la Religion.

François, vous foutiendrez toutes ces mefures; vous
ne permettrez pas que la plus légère réfiftance arrête l'exécution des Décrets de l'Affemblée, fanctionnés par le
Roi. Que ceux d'entre vous, à qui il conviendra d'a-
cheter les biens qui font mis en vente, fe préfentent
fans crainte ; la propriéte qu'ils acquerront leur eft affu-
rée, c'eft de la Nation elle-même qu'ils la tiendront.
Les defpotes, les tyrans, ceux qui gouvernent fans lois
ne le doivent rien ; ils peuvent détruire impunément
l'ouvrage les uns des autres. Une Nation ne frappe pas
ainfi fur elle-même. Quel intérêt auroit-elle jamais à
dépofféder celui qu'elle auroit mis en poffeffion? Il faudroit la concevoir foulant aux pieds les lois qu'elle s'eft
données, ou bien il faudroit fuppofer poffible qu'elle
confentît de nouveau à s'expofer au pillage du defpo-
tifme,

tifme, & qu'elle permît encore à quelques hommes d'envahir fa liberté. La Conftitution, que chacun de vous a juré de maintenir, nous garantit à jamais de ce malheur.

Si l'on peut acquérir de la Nation avec fûreté, fi toute idée contraire ne peut être admife avec quelque apparence de raifon, l'Affemblée Nationale a pu difpofer à l'avance du produit des ventes qu'elle a décrétées ; c'eft le but des Affignats. Les biens dont ils repréfentent le produit, forment leur valeur intrinsèque ; cette valeur eft auffi évidente que celle du métal renfermé dans notre numéraire habituel. Ces Affignats euffent tôt ou tard été néceffaires pour diftribuer entre les créanciers de l'Etat la portion de ces biens, deftinée par nos premiers Décrets à fecourir le Tréfor public. Que cette diftribution fe faffe plus tôt ou plus tard, cette circonftance ne change rien à leur nature ; leur valeur refte la même, & fi l'on délivre les Affignats avant que les biens foient vendus, c'eft qu'on a befoin d'une monnoie qui remplace promptement celle qui a difparu du commerce. Sans cette anticipation falutaire, le Tréfor public & vous-mêmes ne fortiriez point de la crife dangereufe qu'il eft fi important de faire ceffer.

L'Affemblée Nationale n'a cependant fait céder aucun principe aux lois de l'impérieufe néceffité. Elle a examiné les Affignats-monnoie fous tous les rapports, avant de fe déterminer. Elle n'a écarté les vaines déclamations fur les anciens abus du papier-monnoie, qu'après la plus exacte analyfe de fon projet. Elle a confidéré que l'or & l'argent monnoyés eux-mêmes ont deux valeurs différentes, l'une comme marchandife, l'autre comme figne des échanges. La première pouvant varier fuivant la rareté ou l'abondance, qui toujours élèvent ou abaiffent le prix de toutes les denrées, il

falloit que la loi leur imprimât une feconde valeur immuable, pour ne pas multiplier les embarras dans le
commerce. L'exacte correfpondance de ces deux valeurs
feroit pour la monnoie le point de la perfection; ainfi
le figne légal des échanges doit toujours être auffi rap-
proché qu'il eft poffible d'une valeur réelle, égale à
la valeur de convention. Voilà pourquoi un papier-
monnoie fans valeur effective (& il ne peut en avoir
aucune, s'il ne repréfente des propriétés fpéciales), eft
inadmiffible dans le commerce pour concourir avec les
métaux qui ont une valeur réelle & indépendante de
toute convention. Voilà pourquoi le papier-monnoie
qui n'a eu pour bafe que l'autorité, a toujours caufé
la ruine des pays où il a été établi : voilà pourquoi
les billets de banque de 1720, après avoir caufé les
plus grands malheurs, n'ont laiffé que d'affreux fou-
venirs. L'Affemblée Nationale n'a pas voulu vous expofer à ce danger. Auffi, lorfqu'elle donne aux Affignats
une valeur de convention obligatoire, ce n'eft qu'après
leur avoir affuré une valeur réelle, une valeur immuable, une valeur qui leur permet de foutenir avantageu-
fement la concurrence avec les métaux eux-mêmes.

A quoi ferviroient des Affignats qu'on feroit libre
de refufer ? Placés comme marchandife dans le commerce, loin qu'ils fuppléaffent à la rareté du numéraire, ils rendroient cete rareté plus incommode encore & plus funefte peut-être ; car le prix d'une marchandife ne peut que décroître toutes les fois qu'elle
devient plus commune, fur-tout au moment où les
moyens de l'acquérir font plus rares:

Les pièces de monnoie ordinaire dont le cours ne
feroit pas forcé, auroient elles-mêmes un inconvénient
prefqu'égal à celui des Affignats libres ; elles ne fe
placeroient dans la circulation que comme une marchandife dont le prix pourroit varier à chaque inftant ;

rien ne s'exécuteroit qu'au travers de mille difficultés.
Il est donc indispensable que la loi fixe le cours de
la monnoie ordinaire, & qu'elle règle aussi impérieu-
sement tout ce qui doit remplacer le numéraire dans
la circulation. Mais le Législateur n'a droit de donner
ce caractère légal, qu'après s'être assuré de la valeur
à laquelle il l'imprime. C'est ce qu'a fait l'Assemblée
Nationale ; elle n'a créé des Assignats-monnoie, qu'a-
près avoir déterminé une masse de biens nationaux &
disponibles, & en avoir formé le subside de quatre
cents millions pour secourir le Trésor public.

L'Assemblée Nationale s'attend donc à voir tous les
bons François applaudir à cette mesure. Elle les délivre de l'art funeste des expédiens en finance ; elle
soulage les revenus de l'Etat d'une dépense considéra-
ble ; elle prépare l'extinction de la dette publique ; elle
est utile à l'industrie ; elle est digne enfin d'une Nation éclairée, qui ne veut ni se tromper elle-même,
ni tromper les autres.

L'intérêt attaché aux Assignats rappellera bientôt le
numéraire enfoui ; ils ont déjà opéré sur le change
avec l'Etranger une révolution favorable ; elle sera
complette, tout se ranimera à la fois, dès que les
Provinces seront à l'unisson de la Capitale sur l'usage
des Assignats.

L'Assemblée Nationale auroit-elle besoin de rassurer
les citoyens sur le sort de la Religion & de ses Ministres, sur celui de toutes les personnes qui regarde-
roient les biens ecclésiastiques comme une hypothèque
ou un patrimoine ? Quoi ! l'hypothèque des créanciers
du Clergé s'affoibliroit-elle, parce qu'elle passera dans
les mains de la Nation ; parce que les biens ecclésiastiques seront désormais cultivés par de vrais propriétaires ; parce que l'industrieuse sollicitude des pères de
famille, mettra à la place de l'activité usufruitière

qui épuise les forces productives , l'économie pré-
voyante qui les réserve pour nourrir des générations ?
François , faut-il vous rappeler qu'éclairée , soutenue,
encouragée par vos travaux , l'Assemblée Nationale ré-
génère & ne détruit pas ; que les ruines dont elle
semble environnée , sont les frêles étais du despotisme , & non les solides appuis de la prospérité publique ? Eh ! qu'importe quels biens acquitteront votre
dette envers les Ministres de la Religion , pourvu
qu'ils soient traités honorablement , pourvu que leur
salaire ne les éloigne pas de leur devoir , qu'il les
rapproche , au contraire , des hommes qu'ils doivent
édifier , instruire & consoler ? Où sont les exemples
d'un peuple qui , en devenant libre , soit devenu injuste envers ceux qui le servent ? Et n'avons-nous pas
établi les dépenses de la Religion au premier rang des
dépenses publiques, ainsi que vous placez tous la Religion elle - même au premier rang de vos devoirs ?
Quand il est si évident que la liberté améliore l'homme , qu'elle lui donne des vertus en lui rendant sa
dignité , qu'elle ne le délivre de la superstition qu'en
donnant plus de force aux devoirs de la morale; quel
aveuglement ou quelle perversité ne faudroit-il pas pour
chercher à vous persuader que vous deviendrez irréli-
gieux , que vous mépriserez les gardiens des mœurs
& de la morale , parce qu'au lieu de laisser au Clergé
la disposition de ses biens , vous entretiendrez le Clergé
des deniers de votre trésor ? Souffrirez-vous qu'on vous
croye moins bienfaisans envers vos frères pauvres ,
parce que les loix veilleront elles-mêmes sur eux , &
que les droits de l'homme sont plus que jamais reconnus & sacrés ?

Après vous avoir prouvé la sûreté des Assignats-
monnoie , la justice & la sagesse des résolutions qui
leur servent de base , quelle objection nous resteroit-

il à détruire ? faudra-t-il répondre encore à la crainte
frivole de la falfification, tandis qu'il eft fi aifé d'en
prévenir les effets, & d'y oppofer une furveillance dont
l'action toujours préfente multipliera autour de vous
les moyens de garantie & ceux de vérification ?

L'Affemblée Nationale n'oubliera rien pour conduire
à fa fin la plus honorable entreprife. N'oubliez jamais à votre tour que fans les efforts de vos Repréfentans, les malheurs de cette année euffent entraîné
la perte de l'avenir ; que cet avenir déformais eft à
vous, que l'opération des Affignats-monnoie étoit la
feule qui pût vous en répondre ; qu'elle fe lie à la
Conftitution, qu'elle en eft une heureufe conféquence ;
qu'elle n'eft fouillée par aucun intérêt fifcal, qu'elle
délivre la chofe publique de cet art fi cruellement
menfonger, avec lequel on a fi long-temps abufé de
notre crédulité & de nos forces.

Après ces explications, héfiterez-vous à donner votre
appui aux Affignats-monnoie, à regarder comme vos
ennemis, comme les ennemis de la liberté, ceux qui
chercheroient à en troubler le cours, à détruire la jufte
confiance que vous vous devez à vous-mêmes, à vos
propres intérêts, aux Décrets rendus par vos Repréfentans, par des citoyens choifis par vous, animés par
votre efprit, dévoués avec courage aux combats que
vous leur avez ordonnés ?

François, vous n'oublierez pas que l'union eft le
falut des peuples qui veulent brifer leurs fers ; vous
n'oublierez pas que l'Affemblée à qui vous avez donné
le droit de repréfenter la Nation, eft l'unique centre
de cette union. Elle s'occupe, d'accord avec votre Roi,
à préferver pour toujours vos droits des attentats du
pouvoir arbitraire, à garantir vos biens, le fruit de
vos peines & de vos follicitudes, des mains avides des
déprédateurs. Tous leurs défordres font maintenant

E 3

fous nos yeux ; les moyens qui les ont favorifés, nous indiquent ceux qui doivent nous en garantir. On ne peut plus vous en impofer par de vains fophifmes ; elles ont difparu ces adminiftrations compliquées, plus organifées pour fervir de refuge aux abus, que pour les prévenir. Ou nous périrons, ou les contributions de votre juftice & de votre patriotifme feront conftamment & fidèlement employées à leur deftination. Les mêmes fonds que vous deftinerez à l'extinction de la dette, ne ferviront qu'à éteindre la dette ; ceux qui devront maintenir la force publique & les défenfeurs de la Patrie, fur un pied refpectable, n'auront pas d'autre deftination. La Religion, fes Miniftres, les Pauvres n'auront point à craindre qu'on diffipe à d'autres ufages ce qui leur fera confacré. La majefté du trône, devenue plus impofante encore par fes auguftes fonctions, celles d'exécuter les Décrets d'un peuple libre, ne fera plus expofée à entendre les gémiffemens de tant de malheureux. Les criminelles extenfions d'impôts, l'avidité des percepteurs qui les étendoient encore, ne flétriront plus le gouvernement du meilleur des Rois.

Par-tout l'ordre, la règle, & leur incorruptible gardien, la publicité loyale, deviendront les garans de l'obéiffance & la fauve-garde de vos propriétés.

François, fecondez l'Affemblée Nationale par votre confiance ; fes infatigables travaux le méritent. Un peu de temps encore, & les avantages de notre Conftitution atteindront toutes les claffes de la fociété ; un peu de temps encore, & nul peuple n'aura autant mérité les bénédictions du genre humain.

Du 3 Mai 1790.

L'Assemblée Nationale a décrété que *l'Adresse aux François*, ci-dessus transcrite & des autres parts, sera présentée au Roi, & que Sa Majesté sera suppliée de donner des ordres pour qu'elle soit promptement envoyée dans les Départemens.

Vu ledit Décret, le Roi a ordonné & ordonne qu'il sera exécuté suivant sa forme & teneur; en conséquence, que *l'Adresse aux François* sera imprimée & promptement envoyée dans tous les Départemens, pour y être lue & publiée aux prônes des Paroisses. Fait à Paris le cinq Mai mil sept cent quatre-vingt-dix. *Signé* LOUIS. *Et plus bas*, par le Roi, DE SAINT-PRIEST.

Lettres-Patentes du Roi, sur un Décret de l'Assemblée Nationale, du 23 Août 1789, qui déclarent qu'aucun Citoyen ne peut être inquiété à raison de ses opinions.

Données à Paris, le 30 Avril 1790.

LOUIS, par la grâce de Dieu, & par la Loi constitutionnelle de l'État, *Roi des François*: A tous ceux, qui ces présentes Lettres verront; SALUT. L'Assemblée Nationale a déclaré, le 23 Août 1789, & Nous déclarons ce qui suit :

Aucun Citoyen ne peut être inquiété à raison des opinions ou projets par lui présentés, des abus par lui dénoncés, soit dans les Assemblées élémentaires, soit dans le sein de l'Assemblée Nationale. En conséquence, déclarons la procédure instruite par le Parlement de Rouen, contre notre Procureur au Bailliage de Falaise, nulle & attentatoire à la Liberté Nationale; & sur le sur-

E 4

plus des demandes de notredit Procureur, le renvoyons à se pourvoir ainfi & par-devant qui il appartiendra.

. Mandons & ordonnons à tous les Tribunaux, Corps adminiftratifs & Municipalités, que les préfentes ils faffent tranfcrire fur leurs Regiftres, lire, publier & afficher dans leurs Refforts & Départemens refpectifs, & exécuter comme Loi du Royaume. En foi de quoi Nous avons figné & fait contre-figner cefdites préfentes, auxquelles Nous avons fait appofer le Sceau de l'Etat. A Paris, le trentième jour du mois d'Avril, l'an de grâce mil fept cent quatre-vingt-dix, & de notre règne le feizième. *Signé*, LOUIS. *Et plus bas*, par le Roi, DE SAINT-PRIEST. Et fcellées du fceau de l'Etat.

Proclamation du Roi, fur un Décret de l'Affemblée Nationale, concernant les Gardes Nationales.

Du 2 Mai 1790.

Vu par le Roi le Décret dont la teneur fuit :

Décret de l'Affemblée Nationale, du 30 Avril 1790.

L'Affemblée Nationale voulant prévenir les difficultés qui réfultent des règlemens & projets oppofés qui lui font adreffés de toutes parts, relativement au régime des Gardes Nationales, décrète provifoirement que, jufqu'à la prochaine organifation des Gardes Nationales, elles refteront fous le régime qu'elles avoient lorfque les Municipalités, dans l'arrondiffement defquelles elles font établies, ont été régulièrement conftituées, & que les modifications que les circonftances rendroient néceffaires, ne feront faites que de concert entre les Gardes Nationales actuellement exiftantes, & les nouvelles Municipalités.

Le Roi a fanctionné & fanctionne ledit Décret.
Mande & ordonne aux Corps adminiſtratifs, Municipalités, & à tous ceux qu'il appartiendra, de le faire
exécuter & obſerver.

Fait à Paris, le deux Mai mil ſept cent quatre-vingt-
dix. *Signé* LOUIS. *Et plus bas*, par le Roi, DE SAINT-
PRIEST.

Proclamation du Roi, ſur le Décret de l'Aſſemblée Natio-
nale, du 3 Avril, pour la liberté du Commerce de
l'Inde, au-delà du Cap de Bonne-Eſpérance.

Du 2 Mai 1790.

Vu par le Roi le Décret dont la teneur ſuit :

Extrait du Procès-verbal de l'Aſſemblée Nationale, du 3
Avril 1790.

L'Aſſemblée Nationale a décrété & décrète que le
Commerce de l'Inde, au-delà du Cap de Bonne-Eſpérance, eſt libre pour tous les François.

Collationné par nous Préſident & Secrétaires de l'Aſſemblée Nationale. A Paris, le ſeize Avril mil
ſept cent quatre-vingt-dix. *Signé* le Marquis DE
BONNAY, Préſident; le Prince de *Broglie*, *Muguet*
de Nanthou, *Brevet de Beaujour*, *Roederer*, *la*
Poule, Secrétaires.

Le Roi a fanctionné & fanctionne ledit Décret pour
être envoyé à toutes les Municipalités du Royaume,
auxquelles Sa Majeſté ordonne de le faire publier &
afficher chacune dans leur reſſort.

Fait à Paris, le deux Mai mil ſept cent quatre-vingt-
dix. *Signé* LOUIS. *Et plus bas*, par le Roi, DE
SAINT-PRIEST.

Lettres-Patentes du Roi, sur un Décret de l'Assemblée Nationale, concernant les conditions requises pour être réputé François, & admis à l'exercice des droits de Citoyen actif.

Données à Paris, le 2 Mai 1790.

LOUIS, par la grace de Dieu, & par la Loi constitutionnelle de l'Etat, ROI DES FRANÇOIS : A tous présens & à venir ; SALUT. L'Assemblée Nationale voulant prévenir les difficultés qui s'élèvent principalement dans les Départemens de frontières & dans les Villes maritimes, au sujet des conditions requises pour devenir François, a décrété, le 30 du mois dernier, & Nous voulons & ordonnons ce qui suit :

Tous ceux qui, nés hors du Royaume de parens étrangers, sont établis en France, seront réputés François, & admis, en prêtant le serment civique, à l'exercice des droits de Citoyens actifs, après cinq ans de domicile continu dans le Royaume, s'ils ont, en outre, ou acquis des immeubles, ou épousé une Françoise, ou formé un établissement de commerce, ou reçu dans quelques Villes des Lettres de bourgeoisie, nonobstant tous règlemens contraires, auxquels il est dérogé, sans néanmoins qu'on puisse induire des présentes, qu'aucune élection faite doive être recommencée, & sans que par lesdites présentes nous entendions rien préjuger sur la question des Juifs, qui a été & demeure ajournée.

Mandons & ordonnons à tous les Tribunaux, Corps administratifs & Municipalités, que les présentes ils fassent transcrire sur leurs registres, lire, publier & afficher dans leurs Ressorts & Départemens respectifs, & exécuter comme Loi du Royaume. En foi de quoi

Nous avons figné & fait contrefigner cefdites préfentes, auxquelles Nous avons fait appofer le fceau de l'État. A Paris le deuxième jour du mois de Mai, l'an de grace mil fept cent quatre vingt-dix, & de notre règne le feizième. *Signé*, LOUIS. *Et plus bas*, par le Roi, DE SAINT-PRIEST. *Vifa* † L'ARCHEVÊQUE DE BORDEAUX. Et fcellées du Sceau de l'État.

Lettres-Patentes du Roi, fur le Décret de l'Affemblée Nationale, du 25 Avril 1790, concernant le Service des Maîtres de Pofte, & l'indemnité des Priviléges dont ils jouiffoient précédemment.

Données à Paris, le 5 Mai 1790.

Louis, par la grace de Dieu, & par la Loi conftitutionnelle de l'État, *Roi des François* : A tous ceux qui ces préfentes Lettres verront ; SALUT. L'Affemblée Nationale a décrété, le 25 Avril 1790, & Nous voulons & ordonnons ce qui fuit :

ARTICLE PREMIER.

En indemnité des priviléges fupprimés, il fera accordé, à compter du jour où ces priviléges ont ceffé, une gratification annuelle de trente livres par cheval, entretenu pour le fervice de la Pofte, à chacun des Maîtres de Pofte, d'après le nombre de chevaux fixé tous les ans par chaque relais, les vérifications & infpections faites à cèt effet par les Municipalités, fuivant le nombre de chevaux qui aura été réglé fur les états préfentés par l'Intendant & le Confeil des Poftes, & arrêtés par chaque Légiflature.

II. Les Maîtres de Pofte doivent continuer à être chargés du fervice des malles à raifon de dix fous par poſte & par cheval ; de celui des Couriers du Cabinet à raiſon de quinze ſous ; de celui des Eſtafettes à raiſon de quarante ſous par Poſte, ſavoir : vingt-cinq ſous pour le cheval & quinze ſous pour le Poſtillon. La dépenſe extraordinaire des voyages de la Cour demeurera ſupprimée, & le prix des chevaux de poſte demeurera fixé à vingt-cinq ſous par poſte & par cheval.

III. Les Maîtres de Poſte ſeront tenus de fournir, à la réquiſition des Fermiers des Meſſageries, deux chevaux à vingt-cinq ſous par poſte & par cheval, pour les cabriolets chargés d'une ou deux perſonnes ſeulement, & de deux porte-manteaux de vingt-cinq à trente livres peſant ; trois chevaux à vingt cinq ſous par poſte & par cheval, pour les mêmes voitures chargées de trois perſonnes & de trois porte-manteaux ; trois chevaux à vingt-cinq ſous par poſte & par cheval, pour les voitures à quatre roues, chargées d'une ou deux perſonnes & de cinquante à ſoixante livres d'effets ; trois chevaux à trente ſous par poſte & par cheval, pour les voitures chargées de trois ou quatre perſonnes & de cent à cent vingt livres d'effets, & vingt ſous de plus ſeulement, par poſte, pour chaque quintal excédant le port d'effets ſuſdits.

Mandons & ordonnons à tous les Tribunaux, Corps adminiſtratifs & Municipalités, que les préſentes ils faſſent tranſcrire ſur leurs Regiſtres, lire, publier & afficher dans leurs Reſſorts & Départemens reſpectifs, & exécuter comme Loi du Royaume. En foi de quoi Nous avons ſigné & fait contreſigner ceſdites préſentes, auxquelles nous avons fait appoſer le Sceau de l'Etat. A Paris, le cinquième jour du mois de Mai, l'an de grace mil ſept cent quatre-vingt-dix, & de notre règne le ſeizième. *Signé*, LOUIS. *Et plus bas*, Par le Roi;

DE SAINT-PRIEST. Vu au Confeil, LAMBERT. Et fcellées du Sceau de l'Etat.

Proclamation du Roi fur un Décret de l'Affemblée Nationale, relatif au ferment des Officiers municipaux.

Du 5 Mai 1790.

Vu par le Roi le Décret de l'Affemblée Nationale, dont la teneur fuit :

Décret de l'Affemblée Nationale du 3 Mai 1790.

L'Affemblée Nationale décrète que les Officiers municipaux n'ont, pour l'exercice de la police, d'autre ferment à prêter que celui qu'ils ont fait, lors de leur inftallation, d'être fidèles à la Nation, à la Loi & au Roi, & de remplir exactement les fonctions civiles & municipales qui leur font confiées.

Le Roi a accepté & accepte ledit Décret pour être envoyé à toutes les Municipalités du Royaume, auxquelles Sa Majefté mande & ordonne de l'obferver & exécuter.

Fait à Paris, le cinq Mai mil fept cent quatre-vingt-dix. *Signé*, LOUIS. *Et plus bas*, Par le Roi, DE SAINT-PRIEST.

Proclamation du Roi, fur un Décret de l'Affemblée Nationale concernant l'exécution des Décrets pour la divifión du Royaume en Départemens & en Diftricts.

Du 5 Mai 1790.

Vu par le Roi le Décret de l'Affemblée Nationale, dont la teneur fuit :

Décret de l'Affemblée Nationale du premier Mai 1790.

L'Affemblée Nationale décrète :

1°. Que le Décret rendu le 5 Février, pour le Département du Tarn, fera exécuté, & qu'en conféquence, l'Affemblée de ce Département, qui fera convoquée à Caftres, alternera avec les Villes d'Alby & de Lavaur, dans l'ordre où elles font nommées.

2°. Que dans le cas où la rédaction des Décrets de la divifion du Royaume, en un feul Décret général, du 26 Février, préfenteroit, dans le fens ou dans les expreffions, quelques difficultés, les Décrets particuliers rendus pour chaque Département, feront exécutés, à moins que, par un Décret fubféquent & particulier, l'Affemblée Nationale n'en ait expreffément modifié ou interprété quelques difpofitions.

Le Roi, acceptant ledit Décret, mande & ordonne, tant à l'Affemblée du Département du Tarn, qu'aux Affemblées des autres Departemens du Royaume, & à tous ceux qu'il appartiendra, de s'y conformer, & de le faire obferver & exécuter.

Fait à Paris, le cinq Mai mil fept cent quatre-vingt-dix. *Signé*, LOUIS. *Et plus bas*, par le Roi, DE SAINT-PRIEST.

Lettres-Patentes du Roi, sur le Décret de l'Assemblée Nationale, du 30 Avril dernier, concernant les Assignats.

Données à Paris, le 7 Mai 1790.

LOUIS, par la grace de Dieu, & par la Loi constitutionnelle de l'Etat, Roi des François : A tous ceux qui ces présentes Lettres verront, SALUT. L'Assemblée Nationale a décrété, le 30 Avril dernier, & Nous voulons & ordonnons ce qui suit :

Les Assignats-monnoie, dont l'émission a été décrétée le 17 Avril, seront libellés, avec l'indication spéciale de leur hypothèque sur les Domaines nationaux.

Le Comité des Finances est autorisé à nommer quatre Commissaires pour suivre & surveiller, avec le premier Ministre des Finances, la confection de la fabrication des Assignats, la livraison du papier, & celle qui sera faite définitivement des Assignats, lorsqu'ils seront en état d'être mis en circulation.

Mandons & ordonnons à tous les Tribunaux, Corps administratifs & Municipalités, que les présentes ils fassent transcrire sur leurs registres, lire, publier & afficher dans leurs Ressorts & Départemens respectifs. En foi de quoi, Nous avons signé & fait contre-signer cesdites présentes, auxquelles Nous avons fait apposer le Sceau de l'Etat. A Paris, le septième jour du mois de Mai, l'an de grace mil sept cent quatre-vingt-dix, & de notre règne le seizième. *Signé*, LOUIS. *Et plus bas*, par le Roi, DE SAINT-PRIEST. Vu au Conseil, LAMBERT. Et scellées du Sceau de l'Etat.

Lettres-Patentes du Roi, sur le Décret de l'Assemblée Nationale, du 30 Mars 1790, portant que dans la Lorraine, le Barrois & les Trois-Evêchés, & dans toutes les Provinces où le Don gratuit a lieu, les Collecteurs recevront pour comptant les quittances du Don gratuit, en déduction de l'imposition des Ecclésiastiques, pour les six derniers mois de l'année 1789.

Données à Paris, le 7 Mai 1790.

LOUIS, par la grace de Dieu, & par la Loi constitutionnelle de l'Etat, *Roi des François :* A tous ceux qui ces présentes Lettres verront ; Salut. L'Assemblée Nationale a décrété, le 30 Mars 1790, & Nous voulons & ordonnons ce qui suit :

Dans la Lorraine, le Barrois & les Trois-Evêchés, les Collecteurs recevront pour comptant les quittances du Don gratuit, en déduction de l'imposition des Ecclésiastiques, pour les six derniers mois de l'année 1789.

Cette disposition aura son exécution dans toutes les Provinces où le Don gratuit a lieu.

Mandons & ordonnons à tous les Tribunaux, Corps administratifs & Municipalités, que les présentes ils fassent transcrire sur leurs registres, lire, publier & afficher dans leurs Ressorts & Départemens respectifs, & exécuter comme Loi du Royaume. En foi de quoi nous avons signé & fait contre signer cesdites présentes, auxquelles nous avons fait apposer le sceau de l'Etat. A Paris, le septième jour du mois de Mai, l'an de grace mil sept cent quatre-vingt-dix, & de notre règne le seizième. *Signé*, LOUIS. *Et plus bas*, par le Roi, DE SAINT-PRIEST. Vu au Conseil, LAMBERT. Et scellées du sceau de l'Etat.

Lettres-Patentes

Lettres-Patentes du Roi, sur le Décret de l'Assemblée Nationale, du 27 Avril 1790, concernant l'arrêté & mise en recouvrement des rôles des Impositions ordinaires, pour l'année 1790, des Villes & Communautés de l'Élection d'Amiens.

Données à Paris, le 7 Mai 1790.

LOUIS, par la grace de Dieu, & par la Loi constitutionnelle de l'État, *Roi des François :* A tous ceux qui ces présentes Lettres verront ; Salut. L'Assemblée Nationale, sur le rapport de son Comité des Finances, a décrété, le 27 Avril 1790, & Nous voulons & ordonnons que les rôles faits sur les premiers mandemens signés des Membres du Bureau intermédiaire du Département d'Amiens, & sans qu'il en soit besoin d'autres, soient incessamment rendus exécutoires par le premier Officier de l'Élection, sur la présentation qui lui en sera faite par les Procureurs syndics du Département ; pourvu toutefois que la somme imposée auxdits rôles soit conforme à celle arrêtée au Département fait avec les Officiers d'Élection, & d'eux signé le 16 Février, dont ils ont un double par devers eux ; sinon, & sur le refus, que lesdits rôles soient & deviennent exécutoires par le simple vu de la Commission intermédiaire, pour être incessamment mis en recouvrement.

Mandons & ordonnons à tous les Tribunaux, Corps administratifs & Municipalités de l'Élection d'Amiens, que les présentes ils fassent transcrire sur leurs Registres, lire, publier & afficher dans leurs Ressorts & territoires respectifs, & exécuter comme Loi du Royaume. En foi de quoi Nous avons signé & fait contresigner cesdites Présentes, auxquelles nous avons fait ap-

Recueil de Décrets. III. Partie.　　　　　F

pofer le Sceau de l'Etat. A Paris, le feptième jour du
mois de Mai, l'an de grace mil fept cent quatre-vingt-
dix, & de notre règne le feizième. *Signé*, LOUIS. *Et
plus bas*, par le Roi, DE SAINT-PRIEST. Vu au Confeil,
LAMBERT. Et fcellées du Sceau de l'Etat.

*Proclamation du Roi, relative au droit de voter dans
les Affemblées primaires.*

Du 8 Mai 1790.

LE ROI étant informé qu'il s'eft répandu dans quelques Provinces, une opinion auffi contraire aux droits
elfentiels de tout Citoyen François, qu'aux difpofitions
précifes des Décrets de l'Affemblée Nationale, fanctionnés ou acceptés par Sa Majefté; que plufieurs citoyens fe font vus forcés, foit par des menaces, foit
par des excès, de s'éloigner des Affemblées primaires,
fous prétexte de leur qualité d'Eccléfiaftiques ou de
ci-devant Privilégiés, tandis que tous y font également
appellés par la Loi; que les violences ont même en
quelques lieux été portées jufqu'au point d'attenter à
la vie de quelques-uns des Membres de l'Affemblée.

SA MAJESTÉ, confidérant que des égaremens de
cette nature, que des défordres fi affligeans pour fon
cœur paternel, & fi contraires à tous les principes, le
font fpécialement à ceux de la Conftitution dans la formation des Affemblées électives ou adminiftratives,
auxquelles tous les Citoyens actifs peuvent & doivent
affifter pour y jouir librement de leurs droits, fous
la fauve garde des loix; & voulant veiller au maintien
de la tranquillité publique, à la fureté de fes fujets,
& lever les obftacles qui contrarient l'exécution des
difpofitions fondamentales fur lefquelles doit repofer
la profpérité nationale; Elle a cru devoir manifefter

fes intentions, tant pour prémunir les peuples contre les illusions qui pourroient les égarer, que pour intimider ceux qui feroient tentés de fe livrer à de pareils excès.

A ces 'causes, le Roi fait favoir à tous & à chacun, que l'entrée & le droit de voter dans les Assemblées primaires, appartiennent effentiellement à tous les Citoyens actifs fans aucune exception, pourvu toutefois qu'ils aient rempli les conditions prefcrites par les Décrets de l'Affemblée Nationale, fanctionnés ou acceptés par Sa Majefté; qu'on ne peut les en exclure ni les en éloigner fous quelque prétexte que ce foit, & moins encore par des menaces & des voies de fait. Veut Sa Majefté que les excès de cette nature foient exemplairement punis, & qu'à cet effet leurs auteurs, fauteurs, complices & adhérens foient pourfuivis, pour leur procès leur être fait & parfait fuivant la rigueur des Ordonnances. Invite SA MAJESTÉ tous fes fidèles fujets à feconder fes intentions paternelles, en concourant paifiblement & avec zèle à la formation des Affemblées qui doivent affurer la tranquillité & le bonheur de la France. FAIT à Paris, le huit Mai mil fept cent quatre vingt-dix. *Signé*, LOUIS. *Et plus bas*, par le Roi, DE SAINT-PRIEST.

Lettres-Patentes du Roi, fur le Décret de l'Affemblée Nationale, du 3 de ce mois, concernant les Droits Féodaux rachetables.

Données à Paris, le 9 Mai 1790.

LOUIS, par la grace de Dieu, & par la Loi conftitutionnelle de l'Etat, *Roi des François :* A tous préfens & à venir; Salut. L'Affemblée Nationale a décrété, le

3 de ce mois, & nous voulons & ordonnons ce qui suit :

Des principes du mode & du taux du rachat des Droits Seigneuriaux, déclarés rachetables par les articles un & deux du Titre 3 du Décret du 15 Mars.

ARTICLE PREMIER.

Tout propriétaire pourra racheter les Droits féodaux & censuels dont son fonds est grevé, encore que les autres propriétaires, de la même Seigneurie ou du même Canton, ne voulussent pas profiter du bénéfice du rachat, sauf ce qui sera dit ci-après à l'égard des fonds chargés de cens ou redevances solidaires.

ART. II.

Tout propriétaire pourra racheter lesdits Droits, à raison d'un fief ou d'un fonds particulier, encore qu'il se trouve posséder plusieurs fiefs, ou plusieurs fonds censuels, mouvans de la même Seigneurie, pourvu néanmoins que ces fonds ne soient pas tenus sous des cens & redevances solidaires, auquel cas le rachat ne pourra pas être divisé.

ART. III.

Aucun Propriétaire de fiefs, ou fonds censuels, ne pourra racheter divisément les charges & redevances annuelles dont le fief ou le fonds est grevé, sans racheter en même temps les droits casuels & éventuels.

ART. IV.

Lorsqu'un fonds tenu en fief ou en censive, & grevé de redevances annuelles solidaires, sera possédé par plusieurs co-propriétaires, l'un deux ne pourra point rache-

ter divifément lefdites redevances au prorata de la portion dont il eft tenu, fi ce n'eft du confentement de
celui auquel la redevance eft due, lequel pourra refufer
le remboursement total, en renonçant à la folidarité vis-
à-vis de tous les co-obligés; mais, quand le redevable
aura fait le remboursement total, il demeurera fubrogé
aux droits du créancier, pour les exercer contre les co-
débiteurs, à la charge de ne les exercer que comme pour
une fimple rente foncière, & fans aucune folidarité; &
chacun des autres co-débiteurs pourra racheter à volonté
fa portion divifément.

Art. V.

Pourra néanmoins le co-propriétaire d'un fonds grevé
de redevances folidaires, en rachetant, ainfi qu'il vient
d'être dit, la redevance entière, ne racheter les droits
cafuels que fur fa portion, fauf au Propriétaire du fief
à continuer de percevoir les mêmes droits cafuels fur
les autres portions du fonds, & fur chacune d'elles divifément, lorfqu'il y aura lieu, jufqu'à ce que le rachat
en ait été fait.

Art. VI.

Pourront les propriétaires de fiefs, ou de fonds cenfuels, traiter avec les propriétaires de fiefs dont ils font
mouvans, de gré à gré, à telle fomme, & fous telles
conditions qu'ils jugeront à propos, du rachat, tant des
redevances annuelles que des droits cafuels; & les traités
ainfi faits, de gré à gré, entre majeurs, ne pourront
être attaqués fous prétexte de léfion quelconque, encore
que le prix du rachat fe trouve inférieur ou fupérieur à
celui qui auroit pu réfulter du mode & du prix qui fera
ci-après fixé.

F 3

A r t. V I I.

Les tuteurs, curateurs & autres administrateurs des
pupilles, mineurs, ou interdits, les grevés de substitu-
tion, les maris dans les Pays où les dots sont inaliéna-
bles, même avec le consentement des femmes, ne pourront liquider les rachats des droits dépendans de fiefs
appartenans aux pupilles, aux mineurs, aux interdits, à
des substitutions, & auxdites femmes mariées, qu'en la
forme & au taux ci-après prescrits, & à la charge du
remploi. Il en sera de même à l'égard des propriétaires
des fiefs, lesquels par les titres sont assujettis au droit de
réversion en cas d'extinction de la ligne masculine, ou
dans d'autres cas : le redevable, qui ne voudra point demeurer garant du remploi, pourra consigner le prix du
rachat, lequel ne sera délivré aux personnes qui sont
assujetties au remploi qu'en vertu d'une ordonnance du
Juge, rendue sur les conclusions du ministère public, auquel il sera justifié du remploi.

A r t. V I I I.

Lorsque le rachat aura pour objet des droits dépendans d'un fief appartenant à une Communauté d'Habitans, les Officiers Municipaux ne pourront le liquider
& en recevoir le prix, que sous l'autorité & avec l'avis
des Assemblées administratives du Département, ou de
leur Directoire, lesquels seront tenus de veiller au remploi du prix.

A r t. I X.

Si le rachat concerne les droits dépendans de fiefs
appartenans à des gens de main-morte, & dont l'administration seroit confiée à une Municipalité, le rachat

fera liquidé par les Officiers de la Municipalité dans le reſſort desquels ſe trouvera ſitué le chef-lieu du fief. Les Officiers Municipaux ne pourront procéder à cette liquidation qu'avec l'autoriſation des Aſſemblées adminiſtratives du Département, ou de leur Directoire, & ſeront tenus d'en dépoſer le prix entre les mains du tréſorier du Département : ſous la réſerve de ſtatuer ultérieurement ſur l'emploi du prix deſdits rachats.

Art. X.

A l'égard des biens ci devant poſſédés par les Eccléſiaſtiques, & dont l'adminiſtration a été déférée aux Aſſemblées adminiſtratives, leſdites Aſſemblées liquideront le rachat des droits dépendans deſdits biens, & en feront dépoſer le prix entre les mains de leur tréſorier : ſous la réſerve de ſtatuer ultérieurement ſur l'emploi du prix deſdits rachats.

Art. XI.

Il eſt réſervé pareillement de ſtatuer ſur l'emploi du prix des rachats des droits dépendans de fiefs appartenans à la Nation, ſous les titres de domaines de la Couronne, apanages, engagemens ou échanges non encore conſommés, ainſi que ſur les perſonnes avec leſquelles leſdits rachats pourront être liquidés, & auxquelles le paiement en devra être fait.

Art. XII.

Lorſque les Parties, auxquelles il eſt libre de traiter de gré à gré, ne pourront point s'accorder ſur le prix du rachat des Droits ſeigneuriaux, ſoit fixes, ou caſuels le rachat ſera fait ſuivant les règles & les taux ci-après.

F 4

Art. XIII.

Pour liquider le rachat des Droits fixes (tels que les cens & redevances annuelles en argent, grains denrées ou fruits de récolte), il sera formé d'abord une évaluation du produit annuel total des charges dont le fonds est grevé ; & ce produit annuel sera racheté au taux ci-après indiqué. Quant à l'évaluation du produit annuel, elle sera faite pour chaque espèce de redevances, ainsi qu'il suit :

Art. XIV.

A l'égard des redevances en grains, il sera formé une année commune de leur valeur d'après le prix des grains de même nature, relevé sur les registres du marché du lieu, ou du marché plus prochain, s'il n'y en a pas dans le lieu. Pour former l'année commune, on prendra les quatorze années antérieures à l'époque du rachat; on retranchera les deux plus fortes & les deux plus foibles; & l'année commune sera formée sur les dix années restantes.

Art. XV.

Il en sera de même pour les redevances en volailles, agneaux, cochons, beurre, fromage, cire & autres denrées, dans les lieux où leur prix est porté dans les registres des marchés. A l'égard des lieux où il n'est point d'usage de tenir registre du prix des ventes de ces sortes de denrées, les Directoires des Districts en formeront incessamment un tableau estimatif sur le prix commun auquel ont coutume d'être évaluées ces sortes de denrées pour le paiement des redevances foncières. Ce tableau estimatif servira, pendant l'espace de dix années, de taux pour l'estimation du produit annuel des redevances dues

en cette nature dans le reffort de chaque Diftrict; le tout
fans déroger aux évaluations portées par les Titres, Coutumes ou Règlemens.

Art. XVI.

Chaque Directoire de Diftrict formera pareillement
un tableau eftimatif du prix ordinaire des journées
d'hommes, de chevaux, bêtes de travail & de fomme,
& de voitures ; ce tableau eftimatif fera formé fur le
taux auquel lefdites journées ont accoutumé d'être efti-
mées pour les corvées, & fervira, pendant l'efpace de
dix années, de taux pour l'eftimation du produit annuel
des corvées réelles. Le tout fans déroger aux évaluations
portées par les Titres, les Coutumes ou les Règlemens.

Art. XVII.

Quant aux redevances qui confiftent en une certaine
portion des fruits récoltés fur les fonds, (tels que champarts, terrages, agriers, tafques, dîmes feigneuriales &
autres de même nature) il fera procédé par des Experts que
les Parties nommeront ou qui feront nommés d'office
par le Juge, à une évaluation de ce que le fonds peut
produire en nature dans une année commune La quotité
annuelle du droit à percevoir fera enfuite fixée dans la
proportion du produit de l'année commune du fonds; &
ce produit annuel du droit fera évalué en la forme pref-
crite par l'article XIV ci-deffus, pour l'évaluation des
redevances en grains.

Art. XVIII.

Quant à celles des Bannalités, que l'article XXIV du Décret du 15 Mars par Nous accepté, a déclaré exceptées de
la fuppreffion fans indemnité; lorfque les Communautés
d'Habitans voudront s'en libérer, il fera fait par des Ex-

perts choifis par les Parties, ou nommés d'office par le
Juge, une eftimation de la diminution que le Four, Moulin, Preffoir, ou autre Ufine pourra éprouver dans fon
produit annuel, par l'effet de la fuppreffion du Droit de
Bannalité & de la liberté rendue aux Habitans N'entendant point au furplus déroger aux Loix antérieures,
qui dans quelques Provinces ont autorifé les Communautés d'Habitans à racheter fous des conditions particulières
les Bannalités auxquelles elles étoient affujetties.

A r t. XIX.

Dans tous les cas où l'évaluation du produit annuel
d'une redevance pourra donner lieu à une eftimation
d'Experts, fi le rachat a lieu entre des Parties qui aient
la liberté de traiter de gré à gré, le relevable pourra
faire au Propriétaire des droits, par acte extrajudiciaire, une
offre réelle d'une fomme déterminée. En cas de refus d'accepter l'offre, les frais de l'expertife, qui deviendra néceffaire, feront fupportés par celui qui aura fait l'offre,
ou par le refufant, felon que l'offre fera jugée fuffifante
ou infuffifante.

A r t. XX.

Si l'offre mentionnée en l'article ci-deffus, eft faite à
un Tuteur, à un Grevé de fubftitution, ou à d'autres Adminiftrateurs quelconques, qui n'ont point la liberté de
traiter de gré à gré, ces Adminiftrateurs pourront employer en frais d'adminiftration ceux de l'expertife, lorfqu'ils auront été jugés devoir refter à leur charge.

A r t. XXI.

Le rachat de la fomme à laquelle aura été liquidé le
produit annuel des droits de redevances fixes & annuelles
fe fera; favoir, pour les redevances en argent & corvées,

& pour le produit des Bannalités, au denier vingt ; &
quant aux redevances en grains, volailles, denrées &
fruits de récolte, au denier vingt-cinq.

Art. XXII.

Tout redevable, qui voudra racheter les droits seigneuriaux dont son fonds est grevé, sera tenu de rem-
bourser, avec le capital du rachat, tous les arrérages des
rentes fixes & annuelles qui se trouveront dus, tant pour
les années antérieures que pour l'année courante, au prorata du temps qui sera écoulé depuis la dernière échéance jusqu'au jour du rachat.

Art. XXIII.

A l'avenir, les corvées réelles, les agriers, champarts,
& autres redevances énoncées en l'article 17, ne s'arré-
rageront point, même dans les pays où le principe contraire avoit lieu, si ce n'est qu'il y ait eu demande
suivie de condamnation ; les corvées ne pourront pas
non plus être exigées en argent, mais en nature seulement, si ce n'est qu'il y ait eu demande suivie de
condamnation. En conséquence, il ne sera tenu compte,
lors du rachat des corvées, agriers, champarts, & autres
redevances énoncées en l'article 17, que de l'année
courante, laquelle sera évaluée en argent, au prorata du
temps qui sera écoulé depuis la dernière échéance jusqu'au
jour du rachat.

Art. XXIV.

Quant au rachat des droits casuels, c'est-à-dire de ceux
qui ne sont dus que dans le cas de mutation, soit de la
part du Propriétaire du fonds ci devant roturier, soit de
la part des fonds ci-devant appellés fiefs, il sera fait d'a-
près les règles & les distinctions ci-après.

Art. XXV.

Dans les pays & les lieux où les fonds sont soumis a un droit particulier pour les mutations par vente, ou autres actes équipollens à vente, il sera payé pour le rachat de ce droit particulier ; savoir :

1°. Pour les fonds sur lesquels le droit de vente est de la moitié du prix, ou au dessus, cinq seizièmes dudit droit.

2°. Pour les fonds sur lesquels le droit est du tiers, cinq quinzièmes, ou le tiers du droit.

3°. Pour les fonds sur lesquels le droit est du quint & requint, ou du quart, cinq quatorzièmes dudit droit.

4°. Pour les fonds sur lesquels le droit est du quint, cinq treizièmes dudit droit.

5°. Pour les fonds sur lesquels le droit est du sixième, cinq douzièmes dudit droit.

6°. Pour les fonds sur lesquels le droit est du huitième, cinq onzièmes.

7°. Pour les fonds sur lesquels le droit n'est que du douzième, ou à une quotité inférieure, quelle qu'elle soit, la moitié du droit.

Art. XXVI.

Dans les pays & les lieux où le droit dû pour les mutations par vente, ne se trouveroit pas être dans aucune des proportions ci-dessus indiquées, & dont la quotité se trouveroit être à un terme moyen entre deux des sept classes ci dessus, le rachat dudit droit se fera sur le pied de celle de ces deux classes, dont le taux est le moins fort.

Art. XXVII.

Dans les pays & les lieux où les fonds font foumis, outre le droit dû pour les mutations par vente, à un droit particulier & différent pour les mutations d'un autre genre, le rachat de cette feconde efpèce de droit fe fera d'après les diftinctions & les règles ci-après.

Art. XXVIII.

1°. Dans les pays & les lieux où ce droit eft dû à toutes les mutations, à la feule exception des fucceffions & donations en directe, & des mutations de la part du Seigneur, il fera payé pour le rachat dudit droit, fur les fonds qui y font fujets, les cinq douzièmes dudit droit.

Art. XXIX.

2°. Dans les pays & les lieux où ce même droit n'eft dû que pour les feules mutations en fucceffion collatérale, il fera payé pour le rachat les cinq dix-huitièmes dudit droit.

Art. XXX.

3°. Dans les pays & les lieux où le même droit eft dû à toutes mains, c'eft-à-dire à toutes les mutations de la part du Propriétaire du fonds redevable, & même pour les fucceffions & donations en directe, il fera payé pour le rachat les cinq fixièmes dudit droit.

Art. XXXI.

4°. Dans les pays & les lieux où le même droit, quoique dû pour les fucceffions & donations directes & collatérales, n'a lieu que quand l'héritier ou donataire succède ou auroit succédé par moyen, ou quand il est mineur, il ne sera payé pour le rachat que les cinq huitièmes dudit droit.

Art. XXXII.

50. Dans les pays & les lieux où le droit ci-dessus désigné se paye à toutes les mutations autres que par vente, tant de la part du vassal, ou emphytéote, que de la part du ci-devant Seigneur, il sera payé pour le rachat un droit entier.

Art. XXXIII.

Dans les pays & les lieux où le droit dû pour les mutations, qui ne s'opèrent point par vente, ne pourroit point se placer dans l'une des cinq classes ci-dessus comprises aux articles précédens, soit parce qu'il ne seroit point dû dans tous les cas exprimés par l'un de ces articles, soit parce qu'il seroit dû dans un cas non prévu par l'article, le rachat s'en fera au taux fixé par celui desdits articles qui réunira le plus grand nombre des cas pour lesquels le droit est dû dans ces pays ou ces lieux particuliers.

Art. XXXIV.

Dans l'application de l'article précédent on n'aura aucun égard au droit que certaines coutumes ou certains titres accordent pour les prétendues mutations par mariage, ou par la mort du mari, sur les biens personnels de la femme, lequel droit est & demeure supprimé à compter du jour de la publication des présentes.

Art. XXXV.

Dans les pays & les lieux où les fonds ne font foumis qu'à un feul & même droit, tant pour les mutations par vente que pour les autres mutations, il fera payé pour le rachat les cinq fixièmes du droit.

Art. XXXVI.

Dans la Coutume du grand Perche, fi celui qui devoit ci-devant porter la foi pour fes puînés ou bourfaux, veut racheter les droits cafuels dont eft tenu le fief bourfal, il fera tenu de payer au Propriétaire defdits droits, conformément à l'article précédent, les cinq fixièmes d'un droit de rachat, liquidé fur les évaluations portées par la Coutume ; & au moyen dudit rachat, il pourra exiger de fes puînés ou bourfaux, la contribution dont ils étoient ci-devant tenus, lorfqu'il arrivera dans fa portion du fief une mutation de la nature de celles qui donnoient lieu à cette contribution ; & fi les puînés ou bourfaux veulent fe racheter eux-mêmes vis-à-vis de leur aîné de cette contribution, il lui fera payé les cinq douzièmes d'un droit de rachat, au paiement defquels cinq douzièmes chacun des puînés ou bourfaux qui voudra fe racheter, contribuera pour fa part & portion. Il en fera de même dans les pays & les lieux où les mêmes règles & les mêmes ufages ci-deffus rappellés, quant à la Coutume du grand Perche, ont lieu.

Art. XXXVII.

Lorfqu'il s'agira de liquider le rachat des droits cafuels dus pour les mutations par vente, l'évaluation du droit fe fera fur le prix de l'acquifition, fi le rachat eſt offert par un nouvel acquéreur : ſinon , ſur le prix de la dernière des ventes qui aura été faite du fonds dans le cours des dix années antérieures.

Art. XXXVIII.

Si le rachat n'eſt point offert par un nouvel acqué‑reur, ou s'il n'exiſte point de vente du fonds faite dans les dix années précédentes ; dans le cas où les parties ne s'accorderoient point de gré à gré, le re‑devable qui voudra ſe racheter pourra faire une offre extrajudiciaire d'une ſomme. En cas de refus de la part du propriétaire des droits d'accepter l'offre, les frais de l'eſtimation par experts ſeront ſupportés par ce‑lui qui aura fait l'offre, ou par celui qui l'aura re‑fuſée, ſelon que l'offre ſera déclarée ſuffiſante ou inſuffi‑ſante, ſauf aux Adminiſtrateurs qui n'ont point la faculté de compoſer de gré à gré, à employer en frais d'admi‑niſtration ceux de l'expertiſe ainſi qu'il eſt dit en l'ar‑ticle XX ci-deſſus.

Art. XXXIX.

Lorſqu'il s'agira de liquider le rachat des droits ca‑ſuels qui ſe payent à raiſon du revenu , l'évaluation s'en fera ſur le taux du dernier paiement qui en aura été fait dans les dix années antérieures ; s'il n'en exiſte pas , le redevable pourra faire une offre d'une ſomme, & en cas de refus , les frais de l'eſtimation par Experts, feront ſupportés comme il eſt dit en l'article précé‑dent.

Art. XL.

Il ne ſera payé aucun droit, ni de vente, ni de ra‑chat, pour les fonds domaniaux ou eccléſiaſtiques, qui feront vendus en exécution des Décrets des 19 Décembre 1789 & 17 Mars dernier, par Nous ſanc‑tionnés;

tionnés ou acceptés. L'exemption n'aura lieu cependant,
à l'égard des biens ecclésiastiques, que pour ceux qui sont
mouvans de fonds domaniaux, ou qui auront payé le
droit d'indemnité aux propriétaires des fiefs dont ils
relèvent, ou à l'égard desquels le droit d'indemnité se
trouveroit prescrit, conformément aux règles qui avoient
lieu ci-devant.

Art. XLI.

Les sommes qui seront dues pour le rachat, soit des
redevances annuelles, soit des droits casuels, seront
payées aux propriétaires desdits droits, outre & indé-
pendamment de ce qui se trouvera leur être dû pour
raison de mutations, ou d'arrérages échus antérieurement à l'époque du rachat.

Art. XLII.

Si le même propriétaire, qui aura racheté les droits
seigneuriaux, casuels & autres, dont son fonds étoit
chargé, vend ce même fonds ou l'aliène dans les deux
années postérieures au rachat, par un acte volontaire quelconque sujet au droit de mutation, le droit sera dû
nonobstant le rachat. Seront néanmoins exceptés de la
présente disposition ceux qui se rachèteront dans le cours
de deux années, à compter du jour de la publication des
présentes.

Art. XLIII.

Les lignagers de celui qui aura reçu le rachat des
droits seigneuriaux dépendans de son fief, ne pourront
point exercer le retrait desdits droits, sous prétexte que
le rachat équipolle à une vente.

Art. XLIV.

Les propriétaires de fiefs, qui auront reçu le rachat, en

tout ou en partie, des droits seigneuriaux, fixes ou casuels, dépendans de leurs fiefs, & qui seront soumis
eux-mêmes à des droits casuels envers un autre fief,
seront tenus de payer au propriétaire du fief le rachat qui
lui sera dû, proportionnellement aux sommes qu'ils auront
reçues; & ce rachat sera exécuté progressivement dans
tous les degrés de l'ancienne échelle féodale.

Art. XLV.

Le rachat dû par le propriétaire du fief inférieur sera liquidé sur la somme portée en la quittance qu'il
aura donnée, encore que la quotité en soit inférieure
aux taux ci-dessus fixés, à moins qu'il n'y ait fraude
& déguisement dans l'énonciation de la quittance; &
ce rachat sera liquidé sur ceux des taux ci-dessus fixés,
qui seront applicables au fief dont dépendoient les droits
rachetés : en telle sorte qu'il ne sera payé pour ce rachat
que la même somme qui seroit due pour le rachat
d'un fief de la même valeur que celle portée en la quittance.

Art. XLVI.

Tout propriétaire de fief qui aura reçu le rachat de
droits dépendans de son fief, sera tenu, à peine de
restitution du double, d'en donner connoissance au
propriétaire du fief dont il relève, dans le cours du
mois de Janvier de l'année suivante celle dans laquelle
les rachats lui auront été faits, sans préjudice du droit
du propriétaire supérieur d'exiger les rachats à lui dûs
avant ce terme, s'il en a eu connoissance autrement.

Art. XLVII.

Pourront tous les propriétaires de fiefs, qui ont sous
leur mouvance d'autres fiefs, former, s'ils le jugent

à propos, au greffe des hypothèques du reffort de la
fituation des chefs lieux des fiefs mouvans d'eux, une
feule oppofition générale au remboursement de routes
fommes provenantes des rachats offerts aux propriétaires des fiefs qui font fous leur mouvance; mais ils ne
pourront former aucune oppofition particulière entre
les mains des redevables, & les frais de l'oppofition
générale, ainfi que ceux qu'elle occafionneroit, feront à leur charge, fi la notification, ordonnée par l'article XLVI, leur a été faite ou leur eft faite dans le
délai prefcrit.

A r t. XLVIII.

Les créanciers des propriétaires de fiefs dont dépen-
dent les droits féodaux, ou cenfuels, rachetables, pourront former au greffe des hypothèques du reffort de la
fituation des chefs-lieux defdits fiefs une feule oppofition générale au remboursement des fommes provenantes defdits droits; mais ils ne pourront former aucune
oppofition particulière entre les mains des redevables,
à peine de nullité, & de répondre en leur propre &
privé nom des frais qu'elles occafionneroient.

A r t. XLIX.

Dans les pays où l'Edit de Juin 1771 n'a point d'e-
xécution, les oppofitions générales dont il eft parlé aux
articles XLVII & XLVIII ci-deffus, pourront être for-
mées au greffe du fiége royal du reffort; il y fera tenu à cet effet un regiftre particulier par le Greffier,
auquel il fera payé les mêmes droits établis par l'Edit
de Juin 1771.

A r t. L.

Les propriétaires de fiefs & les créanciers, qui formeront les oppofitions générales défignées dans les ar-

ticles XLVII, XLVIII & XLIX ci-deſſus, ne ſeront point obligés de les renouveller tous les trois ans; leſdites oppoſitions dureront trente ans, dérogeant, quant à ce ſeulement, à l'Edit de Juin 1771.

Art. LI.

Les créanciers qui auront négligé de former leur oppoſition ne pourront exercer aucun recours contre les redevables qui auront effectué le paiement de leur rachat.

Art. LII.

Les redevables ne pourront effectuer le paiement de leur rachat qu'après s'être aſſurés qu'il n'exiſte aucune oppoſition au Greffe des Hypothèques, ou au Greffe du ſiége royal dans les pays où il n'y a point de Greffe des Hypothèques. Dans le cas où il exiſteroit une ou pluſieurs oppoſitions, ils s'en feront délivrer un extrait qu'ils dénonceront à celui ſur lequel elles ſeront faites, ſans pouvoir faire aucune procédure, ni ſe faire autoriſer à conſigner que dans trois mois après la dénonciation, dont ils pourront répéter les frais, ainſi que ceux de l'extrait des oppoſans.

Art. LIII.

Les offres tendantes au rachat des droits ſeigneuriaux, fixes ou caſuels, ſeront faites au chef-lieu du fief dont dépendront les droits rachetables; pourront néanmoins les parties liquider les rachats, & en opérer le paiement, en tel lieu qu'elles jugeront à propos. Dans ce dernier cas, les paiemens qui ſeront faits en conſéquence d'un certificat délivré par le Greffier des Hypothèques, ou par celui du Siége royal, qu'il n'exiſtoit point d'oppoſitions, ſeront valables nonobſtant les oppofitions qui feroient furvenues depuis, potrvu que la quittance ait été contrôlée dans le mois de la date dudit certificat.

Art. LIV.

Toute quittance de rachat des droits feigneuriaux, même celles reçues par les Notaires dont les actes font exempts du contrôle, feront affujetties au contrôle ; il en fera tenu un regiftre particulier, fur lequel le Commis enregiftrera par extrait la quittance, en énonçant le nom du propriétaire du fief qui aura reçu le rachat, celui du fief dont dépendoient les droits rachetés, le nom de celui qui aura fait le rachat, & la fomme payée. Il ne fera payé que quinze fols pour le droit de contrôle & d'enregiftrement. Les frais en feront à la charge de celui qui fera le rachat, lequel fera tenu de l'obligation de faire contrôler la quittance, fous les peines preferites par les Réglemens exiftans.

Art. LV.

Dans les pays où le contrôle n'a pas lieu, il fera établi dans chaque Siège Royal un regiftre particulier pour le contrôle & enregiftrement des quittances & du rachat, & il fera payé au Greffier quinze fols pour tout droit.

Art. LVI.

Il ne fera perçu aucun droit de centième denier fur les rachats, & remboursemens des droits ci-devant feigneuriaux, foit fixes, foit cafuels.

Art LVII.

Il fera libre aux Fermiers qui ont ci devant pris à bail les droits cafuels d'un ou plufieurs fiefs, fans mélange

G

d'autres biens, ou dont les baux ne comprendroient avec lesdits droits casuels que des droits supprimés sans indemnité par le Décret du 15 Mars, que nous avons accepté, de remettre leurs baux, sans pouvoir prétendre, à l'égard desdits droits casuels, d'autre indemnité que la restitution des pots-de-vin & fermages payés d'avance, au prorata de la jouissance.

A l'égard des Fermiers qui ont pris à bail les droits casuels avec d'autres biens, ils percevront tous les droits casuels qui échéront pendant le cours de leur bail sur les fonds qui n'auront point été rachetés, ou sur lesquels ils seroient dus nonobstant le rachat; & s'il survient sur des fonds rachetés des mutations qui eussent donné lieu à un droit casuel, le Propriétaire du fief auquel le droit auroit appartenu, en tiendra compte au Fermier, à la déduction néanmoins d'un quart sur le montant dudit droit.

A l'égard des redevances fixes & annuelles qui seroient rachetées pendant le cours du bail, le Propriétaire desdits droits en tiendra compte annuellement au Fermier par diminution sur le fermage.

Art. LVIII.

Les droits d'échange établis au profit du Roi par les Edits de 1645 & 1647, & autres Règlemens subséquens, soit qu'ils soient perçus à notre profit, soit qu'ils soient perçus par des concessionnaires, engagistes, ou apanagistes, sont & demeurent supprimés, à compter de la publication des Lettres-Patentes du 3 Novembre 1789, sans néanmoins aucune restitution des droits qui auroient été perçus depuis ladite époque. Quant à ceux desdits droits qui étoient perçus à notre profit, toutes poursuites, intentées ou à intenter pour raison des mutations arrivées avant ladite époque, sont & demeureront éteintes. Les

acquéreurs defdits droits préfenteront, dans le délai de
fix mois, à compter du jour de la publication des préfentes, leurs titres au Comité de Liquidation, établi par le Décret du 23 Janvier de la préfente année ; &
il fera pourvu à leur rembourfement ainfi qu'il appartiendra.

Mandons & ordonnons à tous les Tribunaux, Corps
adminiftratifs & Municipalités, que les Préfentes ils
faffent tranfcrire fur leurs Regiftres, lire, publier & afficher dans leurs Refforts & Départemens refpectifs,
& exécuter comme Loi du Royaume. En foi de
quoi nous avons figné & fait contrefigner cefdites
préfentes, auxquelles nous avons fait appofer le Sceau
de l'Etat. A Paris, le neuvième jour du mois de Mai,
l'an de grace mil fept cent quatre-vingt-dix, & de
notre règne le feizième. *Signé*, LOUIS. *Et plus bas*,
par le Roi, DE SAINT-PRIEST. Vu au Confeil, LAMBERT.
Et fcellées du Sceau de l'Etat.

*LETTRE de M. le Comte de Saint-Prieft à la Muni-
cipalité de Marfeille.*

A Paris le 10 Mai 1790.

J'ai reçu, Meffieurs, les lettres que vous avez pris
la peine de m'écrire le 30 avril & le 1.er de ce mois,
ainfi que la pièce jointe, intitulée ; *Articles de convention, &c.*
Le Roi étoit déjà informé de la furprife du Fort de
Notre-Dame-de-la-Garde, & de l'occupation de la Citadelle & du Fort Saint-Jean, par les Gardes nationales
de votre ville ; mais Sa Majefté ne fe feroit pas attendu
qu'au lieu d'excufer ces coupables démarches, vous me
le repréfenteriez comme dignes d'éloges ; Elle ne me per-

G 4

met pas de répondre aux motifs que vous alléguez, &
m'ordonne feulement de vous prefcrire de fa part de
faire évacuer immédiatement par la Troupe nationale
les forterefles où elle s'eft introduite, en les remettant
aux troupes qui en avoient ci-devant la garde exclufive,
ainfi que tous les effets militaires & autres qui s'y font
trouvés. Une prompte obéiffance à l'ordre du Roi que
je joints ici, peut feule atténuer des torts auffi graves.

Sa Majefté a ordonné en même-temps à M. le Garde
des Sceaux, de prefcrire au Procureur du Roi de la
Sénéchauffée les enquêtes les plus exactes contre les
auteurs, fauteurs & complices de l'affaffinat de M.
le Chevalier de Beauffet, Major du Fort Saint-Jean,
ainfi que fur les indignités qui ont fuivi ce meurtre
atroce, dont la punition doit attirer toute la févérité
des lois.

J'ai l'honneur d'être, &c. *Signé* DE SAINT-PRIEST.

Ordre du Roi à la Municipalité de Marfeille.

DE PAR LE ROI.

SA Majefté mande & ordonne aux Officiers Municipaux de la ville de Marfeille, qu'auffitôt après la réception du préfent ordre, ils ayent à faire évacuer par la
Garde nationale les Forts de Notre-Dame-de-la-Garde,
de Saint-Nicolas & de Saint-Jean de ladite ville,
& à remettre lefdits Forts aux Commandans pour
Sa Majefté, pour la garde en être faite par fes troupes;
comme auffi enjoint Sa Majefté auxdits Officiers Municipaux, de remettre auxdits Commandans tous les
effets militaires & autres qui fe font trouvés dans lefdits
Forts.

Fait à Paris, le 10 mai mil sept cent quatre-vingt-dix.

Signé LOUIS *Et plus bas*, DE SAINT-PRIEST.

Lettre de M. le Comte de Saint-Prieſt, à la Municipalité de Montpellier.

Paris, le 10 Mai 1790.

D'après les informations qui me ſont parvenues, Meſſieurs, j'ai été dans le cas de rendre compte au Roi de l'entrepriſe de quelques Particuliers de votre ville, qui ſe ſont introduits dans la citadelle le 2 de ce mois.

Sa Majeſté eſt fort éloignée de vous imputer cette coupable extravagance, & j'ai pris la liberté de l'aſſurer que la Municipalité ni la Garde nationale de Montpellier n'y ont pris d'autre part que d'y placer main-forte, pour éviter tout déſordre ; mais j'ai été peiné que vous ne m'en ayez pas écrit, pour pouvoir mettre votre propre déſaveu ſous les yeux de Sa Majeſté, en lui rendant compte de cet événement.

Le Roi vous ordonne, Meſſieurs, de remettre la citadelle entre les mains de ſon Commandant militaire, y replaçant avec exactitude tout ce qui pourroit avoir été diſtrait des arſenaux & magaſins. Je joins à cet effet l'ordre de Sa Majeſté. M. le Comte de la Tour-du-pin écrit à M. le Marquis de Bouzols, d'y faire entrer quatre compagnies du régiment de Breſſe, pour en former la garniſon excluſive.

J'ai l'honneur d'être, &c. *Signé*, DE SAINT-PRIEST.

Ordre du Roi à la Municipalité de Montpellier.

DE PAR LE ROI.

Sa Majesté mande & ordonne aux Officiers municipaux de la ville de Montpellier , qu'auslitôt après la réception du présent ordre, ils ayent à faire évacuer la citadelle de ladite ville par la Garde nationale qui s'y est placée, & à remettre ladite citadelle entre les mains du Commandant de Sa Majesté, pour la garde en ét e faite exclusivement par ses Troupes. Comme aussi enjoint Sa Majesté auxdits Officiers municipaux de faire replacer dans les arsenaux & magasins de ladite citadelle tous les effets militaires & autres qui pourroient en avoir été distraits.

Fait à Paris, le dix mai mil sept cent quatre-vingt-dix. *Signé* LOUIS. *Et plus bas* , DE SAINT-PRIEST.

Lettre de M. le Comte de Saint-Priest à M. le Président de l'Assemblée Nationale, du 11 mai 1790.

M. LE PRÉSIDENT ,

J'ai l'honneur de vous adresser, par ordre du Roi, la copie de deux lettres que j'ai reçues de la Municipalité de Marseille , en date du 30 avril & du 1.er de ce mois ; avec un écrit intitulé *Conventions* , &c. Je vous prie d'en faire part à l'Assemblée Nationale, ainsi que de la présente, dont l'objet est de rédiger un court précis des événemens survenus récemment dans ladite ville.

Dès le commencement de l'année dernière, Marseille éprouvant des troubles intérieurs, le Commandant de la province y fit passer trois Régimens d'infanterie &

ceux cents Dragons, pour cette ville & ses trois Forts.
Les choses demeurèrent en l'état jusqu'à la formation de
la nouvelle Municipalité. A peine fut-elle constituée,
qu'elle députa au Roi deux de ses Membres pour sup-
plier Sa Majesté de retirer ses troupes de Marseille,
mais l'importance de cette ville, l'affluence d'étrangers
que son commerce attire, la convenance d'y placer une
partie des forces destinées à la défense d'une province
à la fois frontière & maritime, auroient empêché Sa
Majesté de céder à cette demande, si la détention de
M. le Marquis d'Ambert, Colonel au Régiment Royal-
la-Marine, faisant partie de la garnison, & les suites
qui pouvoient en résulter, n'eussent décidé le Roi à le
faire passer à Aix. Sa Majesté eut égard en même-temps
aux plaintes des Députés de Marseille, sur la cherté
des fourrages, que le séjour des Dragons occasionnoit
dans leur ville, & ils furent renvoyés à leurs Corps
respectifs.

L'impatience de la Municipalité de Marseille sur le
délai nécessaire pour l'expédition des ordres de marche,
fut telle que, quoique prévenue par une de mes lettres, des dispositions du Roi, elle se permit de rédiger, signer, faire imprimer & débiter une dénonciation à l'Assemblée Nationale contre MM. de la Tour-
du-Pin, de Miran & moi, nous inculpant ou de sup-
position, ou d'inexécution des ordres du Roi.

Après le départ des Dragons & de Royal-la Marine,
les habitans de la Ville furent entièrement déchargés
du logement des Troupes. On plaça l'un des deux régimens dans des Couvens de Religieux; l'autre entra en
entier dans les Forts : la garnison de Notre-Dame-de-
la-Garde fut renforcée de trente hommes.

Le 30 Avril, à la pointe du jour, les Sieurs Malherbe
& Verteuil s'introduisirent dans cette place, à l'ouver-
ture des portes qui s'étoit faite sans les précautions mi-

litaires d'usage ; ils en surprirent la sentinelle, l'empê-
chèrent d'appeler, & facilitèrent ainsi l'entrée à cinquante Volontaires embusqués qui s'emparèrent du
Fort. Vous verrez par la lettre que la Municipalité de
Marseille m'écrit le même jour, l'approbation qu'elle
donne à cette action. Je dois, au reste, vous observer,
Monsieur, qu'il n'avoit été ordonné par le Gouvernement aucun approvisionnement extraordinaire de guerre
& de bouche pour les trois Forts, & que si l'appareil
militaire que la Municipalité dit avoir échauffé l'esprit
des citoyens, a eû lieu, il ne se rapportoit probable-
ment qu'au soin très-légitime des Commandans, de
tenir leurs places en bon ordre ; au reste, leur conduite
sera soumise au jugement d'un Conseil de guerre.

La lettre du premier Mai montre que la Municipalité elle-même agissant pour la Milice Nationale, a
sommé les Commandans des deux forteresses de Saint-
Nicolas & de Saint-Jean, d'en partager la garde avec
les troupes réglées de la garnison, & l'a obtenu. La
résistance qu'elle dit avoir éprouvée à cet égard au Fort
Saint-Jean, étoit principalement dûe à M. le Chevalier
de Beausset, Major de la place. Le lendemain à trois
heures, cet Officier sortant de sa forteresse pour se rendre à l'Hôtel-de-Ville, fut poursuivi & massacré : sa
tête a été coupée & portée dans les rues au bout d'une
pique. Une troupe barbare de peuple & de Soldats du
régiment de Vexin, accompagnoit cet horrible trophée
avec des danses & des cris de joie. Tel est le rapport
que j'ai reçu de ce funeste événement.

Il est aisé, Monsieur, de juger de l'impression douloureuse que le Roi en a éprouvée. Sa Majesté vient
d'ordonner à son Garde des Sceaux des informations
exactes contre les auteurs, fauteurs & complices de ce
meurtre, & des atrocités qui en ont été la suite ; elle
m'a prescrit en même-temps d'envoyer ses ordres les

plus précis à la Municipalité de Marseille ; sous peine de responsabilité, de faire sortir la Garde nationale des Forts qu'elle a occupés, sans rien distraire des armes & munitions de guerre qui s'y étoient trouvées. Ce préalable étoit d'autant plus pressant à remplir, que malgré la confiance que méritent des soldats citoyens, dont d'ailleurs les fonctions n'ont encore été réglées par aucun Décret, il est évident que les garnisons de places fortes & importantes, sur-tout de Provinces frontières & maritimes, ne doivent être composées que de gens de guerre uniquement employés à leur garde.

Le Roi ne doute pas, Monsieur, que l'Assemblée Nationale n'applaudisse à ces dispositions. Sa Majesté, persuadée que l'union de ses sentimens avec Elle doit être le salut du Royaume & le véritable soutien de la Constitution, seroit vivement affectée si l'Assemblée n'envisageoit pas cet objet de la même manière.

M. le Marquis de Miran, Commandant des troupes en Provence, ayant demandé son rappel au Roi, Sa Majesté destine pour le remplacer, M. le Marquis de Crillon ; Elle souhaite que la qualité de Député ne mette aucun obstacle au choix de cet Officier général. Je vous prie de consulter à cet égard l'Assemblée Nationale, & de me faire part de sa délibération.

J'ai l'honneur d'être avec respect, Monsieur le Président, &c.

Signé, DE SAINT-PRIEST.

P. S. Je finissois ma lettre, Monsieur, lorsque j'ai appris la surprise de la citadelle de Montpellier, par quelques jeunes citoyens & des soldats de la Garde nationale, sans le concours de ce Corps ni de la Municipalité. On ajoute qu'elle s'en est mis depuis en posession , en attendant les ordres du Roi. Sa Majesté fera informer des faits , & ordonnera que cette place soit remise au Commandant militaire , en l'état où elle étoit auparavant.

Par les mêmes nouvelles, j'apprends qu'on a cherché à exciter à Nîmes une coupable fermentation , qui s'est manifestée par une différence de cocardes. Le régiment de Guyenne , Officiers & Soldats , fidèle à l'ordre du Roi , de porter la cocarde nationale que Sa Majesté a adoptée , a calmé ce mouvement populaire , de concert avec la Municipalité, & d'une manière très-digne d'éloges. Le Roi a chargé son Ministre de la guerre d'en témoigner sa satisfaction à ce Régiment.

Décret de l'Assemblée Nationale, du 12 Mai 1790.

L'Assemblée Nationale , profondément affligée des désordres qui ont eu lieu dans plusieurs endroits du Royaume , & notamment dans la Ville de Marseille , charge son Président de se retirer vers le Roi , pour remercier Sa Majesté des mesures qu'elle a prises , tant pour la recherche des coupables , que pour la réparation de ces excès, & renvoie l'examen de cette affaire & de ses dépendances au Comité de Rapports.

Collationné à l'orignal , par nous Président & Secrétaires de l'Assemblée Nationale. A Paris , les jour & an que dessus. Signé *THOURET*, Président ; *Champeaux-Palasne* , *Chabroud* , *de la Revelliere de l'Epeaux* , le Comte de *Crillon* , l'Abbé *Colaud de la Salcette* , Secrétaires.

Lettre de M. le Comte de Saint-Priest à la Municipalité de Marseille.

Paris, le 1; Mai 1790.

Je vous envoie, Meſſieurs, la copie du Décret rendu par l'Aſſemblée Nationale, d'après le rapport qui lui a été fait de ce qui s'eſt paſſé à Marſeille ; vous voudrez bien m'en accuſer la réception.

J'ai l'honneur d'être, &c.

Signé, DE SAINT-PRIEST.

Lettres-Patentes du Roi, ſur le Décret de l'Aſſemblée Nationale, du 2; Avril dernier, pour l'emploi au paiement des Rentes de cent livres & au-deſſous, des Dons patriotiques faits à l'Aſſemblée Nationale.

Données à Paris, le 10 Mai 1790.

LOUIS, par la grâce de Dieu, & par la Loi conſti-tutionnelle de l'Etat, *Roi des François :* A tous ceux qui ces préſentes Lettres verront ; Salut. L'Aſſemblée Nationale, ſur le compte qui lui a été rendu par les Tré-ſoriers des Dons patriotiques, a décrété le 2; Avril der-nier, & nous voulons & ordonnons ce qui ſuit :

Les ſommes que les Tréſoriers des Dons patriotiques remettront aux Payeurs de rentes, ſerviront à acquitter les rentes de cent livres & au-deſſous, en ſe conformant d'ailleurs aux diſpoſitions du Décret du 22 Mars dernier, tant ſur la quotité de l'impoſition à juſtifier par les Rentiers, que fur ce qui a rapport à la comptabilité des Payeurs.

Mandons & ordonnons à tous les Tribunaux, Corps administratifs & Municipalités, que les préfentes ils faffent tranfcrire fur leurs Regiftres, lire, publier & afficher dans leurs Refforts & Départemens refpectifs. En foi de quoi Nous avons figné & fait contre-figner cefdites préfentes, auxquelles Nous avons fait appofer le Sceau de l'Etat. A Paris, le dixième jour du mois de Mai, l'an de grace mil fept cent quatre-vingt-dix, & de notre règne le dix-feptième. *Signé* LOUIS. *Et plus bas*, Par le Roi, DE SAINT-PRIEST. Vu au Confeil, LAMBERT. Et fcellées du Sceau de l'Etat.

Lettres-Patentes du Roi, fur les Décrets de l'Affemblée Nationale, des 23 Avril dernier & 4 du préfent mois, portant diftraction des grandes & petites Gabelles & des Gabelles locales, du Bail général des Fermes paffé à Jean-Baptifte Mager, le 19 Mars 1786.

Données à Paris, le 10 Mai 1790.

LOUIS, par la grâce de Dieu, & par la Loi conftitutionnelle de l'Etat, ROI DES FRANÇOIS : A tous ceux qui ces préfentes Lettres verront ; *Salut.* L'Affemblée Nationale a décrété, les 23 Avril dernier & 4 du préfent mois, & Nous voulons & ordonnons ce qui fuit :

ARTICLE PREMIER.

Conformément à la ftipulation portée par l'article XV du bail général des Fermes, paffé à Jean-Baptifte Mager, le le 19 Mars 1786, laquelle a prévu le cas de la diftraction dudit bail, des parties de perceptions qu'il feroit jugé convenable d'en retirer, les grandes & petites Gabelles & Gabelles locales feront diftraites dudit bail, à compter du premier Janvier 1789, & feront ledit Adjudicataire & fes cautions tenus de compter de clerc à maître, comme pour les objets dont ils ne font que régiffeurs, de toutes les recettes & dépenfes qu'ils auront faites relativement aux Gabelles depuis cette époque.

En conféquence de ladite réfiliation, la Nation rentre en jouiffance de tous les greniers, magafins, bateaux, pataches, meubles, uftenfiles de mefurage, & autres objets qui fervoient à l'exploitation defdites Gabelles, ainfi que de l'univerfalité des Sels que ledit Mager avoit à fa difpofition le premier Avril.

Les cautions dudit Mager, chargées par nos Lettres-Patentes du 30 Mars dernier, fur le Décret du 20 dudit mois, de faire, pour le compte de la Nation, au cours fixé par la concurrence du commerce, & fans pouvoir excéder, en aucun lieu, le prix de Trois fous la livre la vente de tous les Sels exiftans au premier Avril dans les dépôts, magafins & greniers de la Nation, même de ceux achetés pour le compte de l'État, ou qui étoient à fa difpofition antérieurement à nofdites Lettres-Patentes du 30 Mars, compteront tous les mois des produits de ladite vente, à l'Adminiftrateur-général des Finances, & en verferont, de mois en mois, les deniers au Tréfor national, jufqu'à parfaite la fomme de douze millions, deftinés aux dépenfes de l'État.

Il fera enfuite tenu compte audit Adjudicataire & à fes cautions, fur le produit defdites ventes, de la valeur des Sels & autres effets, fuivant les règles établies pour leur évaluation, & comme il fe pratiquoit à l'expiration de chaque bail, lorfque l'Adjudicataire fortant tranfmettoit à fon fucceffeur les Sels & effets dont celui-ci lui rembourfoit le prix ; & le furplus du produit de la vente defdits Sels continuera d'être appliqué d'autant au rembourfement des fonds & avances defdites cautions de Mager, conformément à l'article V de nof.lites Lettres-Patentes du 30 Mars dernier.

II. Tous les Juges & Officiers des Gabelles en titre d'office quelconque, tant dans les greniers que dans les dépôts, falorges, falins, & autres établiffemens qui tenoient à la manutention & au régime des Gabelles dans les provinces de grandes & petites Gabelles, de Gabelles locales, pays de Quart-bouillon, dépôts fitués aux frontières des pays exempts & rédimés de cet impôt, font fupprimés, & cefferont toutes fonctions à compter de la date des préfentes.

Il fera procédé à la liquidation de leurs offices en la forme qui fera inceffamment réglée ; leurs gages feront acquittés jufqu'au jour de leur fuppreffion, & il fera pourvu, à compter dudit jour, au paiement des intérêts de leur finance jufqu'à leur remboursement

III. Les quantités de Sels appartenant à la Nation, & qui exiftoient au premier Avril 1790, à fa difpofition, tant dans les greniers, magafins, dépôts & folarges, que fur les marais falans, feront conftatées par les Officiers municipaux des lieux ; favoir, dans les dépôts & magafins, d'après les regiftres & procès-verbaux, tant des Officiers juridictionnels & porte-clefs, que des prépofés de la Ferme générale ; & lefdits regiftres & procès-verbaux feront clos & arrêtés par lefdits Officiers municipaux ; à la fuite de quoi les Officiers porte-clefs remettront lefdites clefs aux prépofés de la Ferme, qui leur en donneront une reconnoiffance, avec décharge de la refponfabilité & garantie des maffes dont lefdits prépofés continueront feuls d'être tenus, fous l'infpection des Municipalités, jufqu'à la formation des Affemblées adminif-

tratives de Diſtricts & de Départemens qui en feront chargés, & pourront commettre, felon les cas, les Municipalités des lieux.

Quant aux Sels achetés pour le compte de la Nation
avant le premier Avril, & non encore enlevés des tharais
falans, leur quantité fera juftifiée par la repréfentation des
polices d'achat & des livres de compte des Commiffion-
naires, lefquels livres & polices feront repréfentés aux
Officiers municipaux des lieux, pour être par eux vifés
& arrêtés.

IV. Le droit qui étoit exercé pour la Nation fur les
Sels des falins de Peccais, Hières, Berres, Badon, Peyriac
& Sijean, ne pourra être étendu au-delà de ceux qui
font actuellement fabriqués. La Nation renonce pour
l'avenir à tous privilèges fur les fels defdits falins: la
prochaine récolte & les fuivantes feront à la libre difpofition des propriétaires.

V. Pour affurer la comptabilité & la rentrée des recouvremens faits & à faire par les Receveurs généraux
& particuliers des Gabelles, ils feront tenus de laiffer
au Tréfor public les cautionnemens qu'ils y ont confi-
gnés, & dont les intérêts continueront de leur être payés
comme par le paffé, jufqu'au remboursement, fans que
dans aucun cas & fous aucun prétexte, ils puiffent retenir aucune fomme, ni faire compenfation des recouvremens provenant de la vente des Sels avec le montant
de leurs cautionnemens, à peine d'être pourfuivis comme pour divertiffement des deniers de l'État.

Cette difpofition aura effet contre ceux defdits Receveurs & Comptables qui n'auroient pas vuidé leurs mains,
& remis toutes les fommes qu'ils ont touchées pour le
compte de l'État.

VI. Les Notaires & Huiffiers aux Greniers à Sels ne
ont point compris dans les difpofitions de l'article II

H 2

des préfentes; en conféquence ces Officiers continueront, comme par le paffé, les fonctions qu'ils exerçoient
en concurrence avec les autres Notaires & Huiffiers, &
ce, jufqu'à ce qu'il y ait été autrement pourvu.

Mandons & ordonnons à tous les Tribunaux, Corps
adminiftratifs & Municipalités, que les préfentes ils
faffent tranfcrire fur leurs régiftres, lire, publier & afficher dans leurs Refforts & Départemens refpectifs,
& exécuter comme Loi du Royaume. En foi de quoi
Nous avons figné & fait contre-figner cefdites préfentes,
auxquelles Nous avons fait apofer le Sceau de l'Etat. A
Paris, le dixième jour du mois de Mai, l'an de grâce
mil fept cent quatre-vingt-dix, & de notre règne le dix-
feptième. *Signé*, LOUIS. *Et plus bas*, par le Roi, DE
SAINT PRIEST. Vu au Confeil, LAMBERT. Et fcellées
du Sceau de l'Etat.

*Lettres-Patentes du Roi, fur un Décret de l'Affemblée
Nationale, du 10 Avril 1790, interprétatif de celui
du 18 Janvier précédent, portant que les Actes relatifs aux Élections des Municipalités, Corps adminiftratifs, Délibérations, & généralement tous les Actes
de pure adminiftration intérieure, feront feuls exempts
de la formalité du Contrôle & du Papier timbré, dans
les lieux où ces Droits font en ufage.*

Données à Paris, le 11 Mai 790.

LOUIS, par la grace de Dieu, & par la Loi conftitutionnelle de l'État, ROI DES FRANÇOIS: A tous ceux
qui ces préfentes Lettres verront; *Salut.* L'Affemblée
Nationale, inftruite que fon Décret du 18 Janvier der-

nier, par Nous fanctionné, avoit été abufivement interprété dans différentes Municipalités du Royaume, a décrété, le 10 Avril fuivant, & Nous ordonnons ce qui fuit :

Les Actes relatifs aux Élections des Municipalités, Corps adminiftratifs, Délibérations, & généralement tous les Actes de pure adminiftration intérieure, feront feuls exempts de la formalité du Contrôle & du Papier timbré, dans les lieux où ces droits font en ufage ; & à l'égard de tous autres Actes, ci devant affujettis aux droits de Contrôle & de Formule, ils continueront d'y être fujets comme par le paffé, fans rien préjuger fur le Contrôle des ventes & aliénations à faire aux Municipalités ; & à l'égard de celles qui, par une fauffe interprétation du Décret du 18 Janvier, fe feroient difpenfées de la Formule & du Contrôle pour quelques Actes qui y étoient fujets, elles feront foumifes au droit ordinaire, fans aucune contravention.

Mandons & ordonnons à tous les Tribunaux, Corps adminiftratifs & Municipalités, que les préfentes ils faffent tranfcrire fur leurs Regiftres, lire, publier & afficher dans leurs Refforts & Départemens refpectifs, & exécuter comme Loi du Royaume. En foi de quoi Nous avons figné & fait contrefigner cefdites préfentes, auxquelles nous avons fait appofer le Sceau de l'Etat. A Paris, le onzième jour du mois de Mai, l'an de grace mil fept cent quatre-vingt-dix, & de notre règne le dix feptième. *Signé*, LOUIS. *Et plus bas*, par le Roi, DE SAINT-PRIEST. Vu au Confeil, LAMBERT. Et fcellées du Sceau de l'Etat.

H 3

Lettres Patentes du Roi, sur le Décret de l'Assemblée Nationale du premier Mai 1790, concernant la Contribution de soixante mille livres à lever dans la ville de Bourges, pour le soulagement de ses Pauvres.

Données à Paris, le 12 Mai 1790.

Louis par la grâce de Dieu, & par la Loi constitutionelle de l'État, *Roi des François* : A tous ceux qui ces présentes Lettres verront; SALUT. L'Assemblée Nationale, sur le rapport de son Comité des Finances, vu la délibération de la Municipalité & du Conseil général de la ville de Bourges, du 31 Mars dernier, confirmative de celles prises par l'ancienne Municipalité & le Bureau de charité de ladite ville pour le soulagement de ses pauvres, a décrété, le premier Mai 1790, & Nous voulons & ordonnons qu'il sera fait par les Officiers municipaux de la ville de Bourges un rôle de contribution de la somme de soixante mille livres sur tous les Citoyens capités à trois livres & au-dessus, proportionnellement à leurs revenus & facultés. Il sera précompté à ceux qui ont déjà fait des contributions volontaires, le montant desdites contributions, à la charge par lesdits Officiers municipaux, de rendre compte des sommes à percevoir en vertu du nouveau rôle.

Mandons & ordonnons à tous les Tribunaux, Corps administratifs, & à la Municipalité de Bourges, que les présentes ils fassent transcrire sur leurs Registres, lire, publier & afficher dans leurs Ressorts & territoires respectifs, & exécuter comme Loi du Royaume. En foi de quoi Nous avons signé & fait contre-signer cesdites Présentes, auxquelles Nous avons fait apposer le Sceau de l'Etat. A Paris, le douzième jour du mois de Mai, l'an de grace mil sept cent quatre-vingt dix, & de notre règne le dix-septième. *Signé* LOUIS. *Et plus bas*, Par le Roi, DE SAINT-PRIEST. Vu au Conseil, LAMBERT. Et scellées du Sceau de l'Etat.

Lettres patentes du Roi, sur un Décret de l'Assemblée Nationale, portant que les Citoyens en procès avec la Régie, antérieurement au Décret du 22 Mars dernier, à l'occasion des droits de Marque des Cuirs, des Fers & autres, pourront continuer de poursuivre la réparation des torts qu'ils auroient éprouvés.

Données à Paris, le 14 Mai 1750.

Lous, par la grâce de Dieu, & par la Loi constitution-nelle de l'Etat, *Roi des François :* A tous ceux qui ces présentes Lettres verront; SALUT. L'Assemblée Nationale a déclaré que, par son Décret du 22 Mars dernier, que Nous avons sanctionné, son intention a été d'user d'indulgence envers les particuliers qui, à l'occasion des Droits de Marque sur les Cuirs & Fers, & de ceux sur la fabrication & le transport des Huiles & Savons, auroient encouru des amendes & mérité quelque con-condamnation ;

Qu'elle n'a point entendu priver ceux des Citoyens qui étoient en procès avec la Régie antérieurement audit Décret, & qui prétendroient avoir été vexés & inquiétés injustement, de poursuivre, par les voies de droit, la réparation des torts qu'ils auroient éprouvés, sauf à subir eux-mêmes les condamnations pécuniaires dont ils seroient susceptibles :

H 4

A én conféquence décrété le 6 de ce mois, & Nous voulons & ordonnons ce qui fuit :

ARTICLE PREMIER.

Tout Citoyen qui étoit en procès avec le Régiffeur & fes Prépofés, avant le Décret du 22 Mars dernier, par Nous fanctionné, & fe prétendroit fondé à exiger la réparation de dommages à lui caufés, pourra continuer fes pourfuites devant les Juges auxquels la connoiffance en appartient, & fe faire adjuger les condamnations qui lui feront dûes, fuivant qu'elles feront déterminées pir les Tribunaux, en faifant néanmoins fignifier au Régiffeur, dans les trois mois, pour tout délai, de la publication des Préfentes, la déclaration qu'il entend reprendre la fuite de fes diligences.

II.

Le Citoyen qui, ayant refufé de jouir du bénéfice du Décret du 22 Mars dernier, que Nous avons fanctionné, aura continué fes diligences en vertu des préfentes, ne pourra fe fouftraire au payement des amendes qu'il auroit encourues, & des autres condamnations pécuniaires qu'il aura méritées, fi, par l'événement, les conteftations qu'il aura perpétuées font trouvées mal fondées ; à l'effet de quoi les Loix ci-devant en vigueur, fubfifteront pour ces particuliers feulement, & feront à cet égard exécutées fuivant leur forme & teneur.

Mandons & ordonnons à tous les Tribunaux, Corps adminiftratifs & Municipalités, que les préfentes ils faffent tranfcrire fur leurs Regiftres, lire, publier & afficher dans leurs Refforts & Départemens refpectifs, & exécuter comme Loi du Royaume. En foi de quoi nous avons figné & fait contre figner cefdites préfentes, auxquelles Nous avons fait apposer le Sceau de l'Etat. A Paris, le quatorzième jour du mois de Mai, l'an de grace mil sept cent quatre-vingt-dix, & de notre règne le dix-septième. *Signé* LOUIS. *Et plus bas*, Par le Roi, DE SAINT-PRIEST. Et scellées du Sceau de l'Etat.

Lettres patentes du Roi, sur le Décret de l'Assemblée Nationale, du 9 du présent mois, relatif aux baux passés aux sieurs Karcher, Braun, & autres particuliers de la Loraine-Allemande, du droit connu en Loraine sous la dénomination de Droit de troupeau à part.

Données à Paris le 16 Mai 1790.

Louis, par la grâce de Dieu, & par la Loi constitutionnelle de l'Etat, *Roi des François* : A tous ceux qui ces présentes Lettres verront ; SALUT. L'Assemblée Nationale, après avoir ouï le rapport de son Comité de Féodalité a décrété le 9 du présent mois, & Nous voulons & ordonnons que les baux passés aux sieurs Karcher, Braun, & autres particuliers de la Loraine-Allemande, du droit connu en Loraine sous la dénomination de *Droit de troupeau à part*, seront exécutés suivant leur forme & teneur, jusqu'au 11 Novembre de la présente année ; les autorisons en conséquence à continuer de mettre séparément sur la pâture des territoires où ils en ont le droit, & jusqu'à due concurrence, les troupeaux à eux appartenant ; faisons défenses de les troubler par voie de fait dans l'exercice dudit droit, sous telles peines qu'il appartiendra, & en outre de leurs dommages & intérêts, desquels demeureront solidairement responsables ceux qui pourroient y apporter empêchement ; à charge par lesdits sieurs Karcher, Braun,

& autres dans le cas où le droit de troupeau à part viendroit à cesser avant ladite époque du 11 Novembre prochain, de payer proportionnellement aux Communautés intéressées, par forme d'indemnité, le prix de leur fermage, sans entendre rien préjuger à l'égard dudit droit de troupeau à part, sur lequel l'Assemblée Nationale se réserve de prononcer.

Mandons & ordonnons à tous les Tribunaux, Corps administratifs & Municipalités, que les Présentes ils fassent transcrire sur leurs Registres, lire, publier, afficher & exécuter dans leurs Ressorts & Départemens respectifs. En foi de quoi Nous avons signé & fait contre-signer ces Présentes, auxquelles Nous avons fait apposer le Sceau de l'Etat. A Paris, le seizième jour du mois de Mai, l'an de grace mil sept cent quatre-vingt-dix, & de notre règne le dix-septième. *Signé* LOUIS. *Et plus bas*, par le Roi, LA TOUR-DU-PIN. Vu au Conseil, LAMBERT. Et scellées du Sceau de de l'Etat.

Lettres-Patentes du Roi, sur le Décret de l'Assemblée Nationale, portant qu'il sera fourni par le Trésor public, à titre d'avance, une somme de Six cents mille livres pour l'achèvement des travaux du Canal du Charollois.

Données à Paris, le 16 Mai 1790.

LOUIS, par la grace de Dieu, & par la Loi constitutionnelle de l'Etat, ROI DES FRANÇOIS : A tous ceux qui ces présentes Lettres verront; *Salut.* L'Assemblée Nationale à décrété le 8 de ce mois, & Nous voulons & ordonnons ce qui suit :

ARTICLE PREMIER.

Il sera fourni par le Trésor public provisoirement, & à titre d'avance, une somme de Six cents mille livres, pour être employée à l'achèvement des travaux du Canal du Charollois, sauf à statuer ultérieurement par qui la dépense doit en être supportée.

II. Le payement de cette somme de Six cents mille liv. se fera de mois en mois, en six termes égaux de cent mille livres chacun, dont le premier est fixé au premier Juin prochain, & il sera effectué auxdites époques entre les mains de l'Administrateur comptable, qui sera indiqué par le Directoire du Département de Saone & Loire.

III. Ladite somme de Six cents mille livres sera appliquée en totalité au payement des travaux qui restent à faire au Canal, & nulle portion n'en pourra être distraite, même sous prétexte d'acquitter les dépenses précédentes, sauf à pourvoir d'une autre manière au remboursement des avances ci-devant faites par les Entrepreneurs.

Mandons à tous Tribunaux, à l'Assemblée du Département de Saone & Loire, & aux Assemblées des autres Départemens intéressés à l'achèvement du Canal du Charollois, que les présentes ils fassent transcrire sur leurs Registres, observent & fassent observer & exécuter le contenu en icelles; à l'effet de quoi Nous avons signé & fait contresigner cesdites présentes, auxquelles Nous avons fait apposer le sceau de l'Etat. Fait à Paris, le seizième jour du mois de Mai, l'an de grace mil sept cent quatre-vingt-dix, & de notre règne le dix-septième. Signé, LOUIS. Et plus bas, par le Roi, DE SAINT-PRIEST. Visa † L'ARCHEVÊQUE DE BORDEAUX. Et scellées du Sceau de l'Etat.

Lettres-patentes du Roi , fur le Décret de l'Affemblée Nationale, du premier Mai 1790 , concernant les cotifations relatives à des rentes conftituées à prix d'argent , perpétuelles ou viagères , généralement ou fpécialement hypothéquées fur des biens-fonds , qui auroient pu être faites dans les rôles des fix derniers mois 1789 ou ceux de 1790 , au lieu de la fituation defdits biens , fans que les Créanciers defdites rentes fuffent domiciliés au même lieu.

Données à Paris, le 16 Mai 1790.

LOUIS, par la grace de Dieu , & par la Loi conftitutionelle de l'Etat , *Roi des François* : A tous ceux qui ces préfentes Lettres verront ; *Salut.* L'Affemblée Nationale, oui le rapport de fon Comité des Finances , a déclaré le premier Mai 1790 , & Nous voulons & déclarons ce qui fuit :

Par nos Lettres-patentes du 29 Novembre 1789 , fur le Décret du 28 du même mois , lefquelles portent que les ci-devant privilégiés feront impofés à raifon de leurs biens-fonds pour les fix derniers mois de 1789 & pour 1790 , dans le lieu où lefdits biens font fitués , nous n'avons point entendu que les créanciers des rentes conftituées à prix d'argent , perpétuelles ou viagères , généralement ou fpécialement hypothéquées fur des biens-fonds , fuffent impofés à raifon de ces rentes , dans le lieu où les biens-fonds qui leur fervent d'hypothèque , fe trouvent fitués , fi lefdits propriétaires de rentes n'y étoient pas en même-temps domiciliés ; en conféquence , les impofitions qui n'auront pas eu d'autres motifs , dans les rôles des fix derniers mois de

1789, & dans ceux de l'année 1790, en seront distraites; & pour en opérer le remboursement & la restitution à ceux qui les auroient acquittées, il sera fait pour 1791 un rôle de supplément ou réimposition du montant desdites contributions, & la somme à provenir dudit rôle de supplément, sera remise à ceux qui auront été induement imposés, en justifiant par eux du paiement qu'ils en auront fait aux Collecteurs des six derniers mois 1789 & de l'année 1790.

Mandons & ordonnons à tous les Tribunaux, Corps administratifs & Municipalités, que les présentes ils fassent transcrire sur leurs Registres, lire, publier & afficher dans leurs Ressorts & Départemens respectifs, & exécuter comme Loi du Royaume. En foi de quoi Nous avons signé & fait contresigner cesdites présentes, auxquelles Nous avons fait apposer le Sceau de l'Etat. A Paris, le seizième jour du mois de Mai, l'an de grace mil sept cent quatre-vingt-dix, & de notre règne le dix-septième. *Signé*, LOUIS. *Et plus bas*, par le Roi, DE SAINT-PRIEST. Vu au Conseil, LAMBERT. Et scellées du sceau de l'Etat.

Proclamation du Roi, sur un Décret de l'Assemblée Nationale, portant qu'aucuns de ses Membres ne pourront assister comme Electeurs dans les Assemblées de District & de Département.

Du 16 Mai 1790.

Vu par le Roi le Décret dont la teneur suit :

DÉCRET de l'Assemblée Nationale, du 14 Mai 1790.

L'Assemblée Nationale a décrété qu'aucuns de ses Membres ne pourront assister comme Electeurs dans les Assemblées de District & de Département.

Le Roi acceptant ledit Décret, mande & ordonne aux Assemblées de Département & de District de l'observer & exécuter.

Fait à Paris, le seize Mai mil sept cent quatre-vingt-dix, *Signé*, LOUIS. *Et plus bas*, Par le Roi, DE SAINT-PRIEST.

Lettres-Patentes du Roi, sur un Décret de l'Assemblée Nationale, du 17 Mai, portant que toute demande en retrait féodal ou censuel, qui n'a pas été adjugée avant la publication des Lettres-Patentes du 3 Novembre dernier, est & doit demeurer sans effet.

Données à Paris le 21 Mai 1790.

LOUIS, par la grace de Dieu, & par la Loi constitutionnelle de l'Etat, ROI DES FRANÇOIS : A tous ceux qui ces présentes Lettres verront ; SALUT. L'Assemblée Nationale considérant qu'il importe à la tranquillité des Citoyens, d'arrêter les poursuites en retrait féodal ou censuel, qui depuis, & nonobstant la sanction & publication du Décret du 15 Mars dernier, continuent de s'exercer dans plusieurs Tribunaux, sous prétexte qu'elles avoient été commencées avant cette époque, a déclaré, le 17 de ce mois, & Nous déclarons & ordonnons ce qui suit :

Conformément à l'article XXXIV du titre II dudit Décret, toute demande en retrait féodal ou censuel, qui n'a pas été adjugée avant la publication des Lettres-Patentes du 3 Novembre 1789, par un jugement en dernier ressort, est & doit demeurer sans effet, sauf à faire droit sur les dépens des procédures antérieures à cette époque ; & seront déclarés nuls tous Jugemens &

Arrêts qui auroient été ou seroient ci-après rendus au contraire..

Mandons & ordonnons à tous les Tribunaux, Corps administratifs & Municipalités, que les présentes ils fassent transcrire sur leurs Registres, lire, publier & afficher dans leurs Ressorts & Départemens respectifs, & exécuter comme Loi du Royaume. En foi de quoi nous avons signé & fait contre-signer cesdites présentes, auxquelles nous avons fait appofer le sceau de l'État. A Paris, le vingt-unième jour du mois de Mai, l'an de grace mil sept cent quatre-vingt-dix, & de notre règne le dix-septième. *Signé*, LOUIS. *Et plus bas*, par le Roi, DE SAINT-PRIEST. Et scellées du Sceau de l'État.

Lettres-Patentes du Roi, sur le Décret de l'Assemblée Nationale, du 14 du présent mois, qui prohibent l'entrée du Sel étranger dans le Royaume.

Données à Paris, le 22 Mai 1790.

LOUIS, par la grace de Dieu, & par la Loi constitutionnelle de l'État, *Roi des François* : A tous ceux qui ces présentes Lettres verront ; Salut. L'Assemblée Nationale a décrété, le 14 Mai présent mois, & Nous voulons & ordonnons ce qui suit :

ARTICLE PREMIER.

L'Entrée du sel étranger, déjà prohibée par l'Ordonnance de 1680, le sera dans toute l'étendue du Royaume, & provisoirement, sous les peines prescrites par les Ordonnances, relativement aux autres marchandises prohibée, à l'exception néanmoins de toutes peines afflictives.

. Le transport & le cabotage des sels destinés à la consommation du Royaume, ne pourront être faits que par des vaisseaux & bâtimens françois, dont le Capitaine & les deux tiers au moins de l'équipage soient François.

II. Les sels chargés ayant le premier Avril, & expédiés depuis, jouiront de l'exemption des droits de traite sur le sel destiné à la consommation du Royaume.

. Mandons & ordonnons à tous les Tribunaux, Corps administratifs & Municipalités, que les Présentes ils fassent transcrire sur leurs registres, lire, publier & afficher dans leurs Ressorts & Départemens respectifs, & exécuter comme Loi du Royaume. En foi de quoi Nous avons signé & fait contresigner cesdites Présentes, auxquelles Nous avons fait apposer le Sceau de l'Etat. A Paris, le vingt-deuxième jour du mois de Mai, l'an de grace mil sept cent quatre-vingt dix, & de notre règne le dix-septième. *Signé*, LOUIS. *Et plus bas*, par le Roi, DE SAINT-PRIEST. Vu au Conseil, LAMBERT. Et scellées du Sceau de l'Etat.

Lettres Patentes du Roi, sur un Décret de l'Assemblée Nationale, interprétatif de ceux des 11 Décembre 1789, 23 Février & 15 Mars 1790, concernant l'abolition du droit de Triage, & la propriété des Bois, Pâturages, Marais vacans, Terres vaines & vagues.

Données à Paris, le 26 Mai 1790.

. LOUIS, par la grace de Dieu, & par la Loi constitutionnelle de l'Etat, *Roi des François*: A tous ceux qui ces présentes Lettres verront; SALUT. L'Assemblée Nationale,

Nationale, informée des défordres & voies de fait
auxquels plufieurs Communautés d'habitans & particuliers fe font portés dans différentes Provinces du Royaume, par une fauffe interprétation des articles XXX
& XXXI du titre II du Décret du 15 Mars dernier,
fanctionné par Lettres patentes du Roi du 28 du même mois, a décrété le 15 Mai, & Nous voulons &
ordonnons que par l'abolition du droit de triage, c'eft-
à-dire, de l'action qu'avoit ci-devant le Seigneur pour
fe faire délivrer, dans certains cas, le tiers des biens
par lui concédés précédemment aux Communautés d'habitans, il ne foit rien préjugé fur la propriété des bois,
pâturages, marais vacans, terres vaines & vagues, ni
attribué fur ces biens aucun nouveau droit aux Communautés d'habitans, ni aux particuliers qui les com-
pofent. Ordonnons que toutes les Communautés & tous
les particuliers qui prétendroient avoir fur les bois, pâturages, marais vacans, terres vaines & vagues, des
droits de propriété, d'ufage, de pacage ou autres dont
ils n'auroient pas eu la poffeffion réelle & de fait au
4 août 1789, feront tenus de fe pourvoir par les voies
de droit, contre les ufurpations dont ils croiroient avoir
droit de fe plaindre : mettons tous les poffeffeurs &
afféagiftes actuels defdits biens, fous la fauve-garde
fpéciale de la Loi ; faifons défenfes à toutes perfonnes
de les troubler par voies de fait, à peine d'être pour-
fuivies extraordinairement, fauf à faire juger contradic-
toirement avec eux par les Juges qui en doivent connoître, la légitimité ou l'illégitimi é de leurs poffeffions.
Ordonnons aux Curés & Vicaires deffervant les paroiffes, de faire lecture au Prône, tant des préfentes
Lettres-patentes, que de l'article II de celles du mois de
Décembre 1789, intervenues fur le Décret du 11 Décembre 1789, enfemble de l'article III des Lettres-
patentes du 26 Février 1790, intervenues fur le Dé-

Recueil de Décrets. III *Part e.*   I

cret du 23 Février, & de l'article V du titre III des Lettres-patentes du 28 Mars dernier , intervenues fur le Décret du 15 du même mois, lefquels à cet effet feront annexés par extrait à l'expédition des préfentes.

Mandons & ordonnons à tous les Tribunaux, Corps adminiftratifs & Municipalités, que les préfentes ils faffent tranfcrire fur leurs regiftres, lire, publier & afficher dans leurs Reffcrts & Départemens refpectifs, & exécuter comme Loi du Royaume. En foi de quoi Nous avons figné & fait contrefigner cefdites préfentes, auxquelles nous avons fait appofer le Sceau de l'Etat. A Paris, le vingt-fixième jour du mois de Mai, l'an de grace mil fept cent quatre-vingt-dix, & de notre règne le dix feptième. *Signé*, LOUIS. *Et plus bas*, par le Roi, DE SAINT-PRIEST. Vû au Confeil, LAMBERT. Et fcellées du Sceau de l'Etat.

EXTRAIT des Lettres-Patentes du mois de Décembre 1789, du 26 Février & du 28 Mars 1790, fur les Décrets de l'Affemblée Nationale des 11 Décembre 1789, 23 Février & 15 Mars 1790.

Lettres-patentes du mois de Décembre 1789, fur le Décret du 11 Décembre 1789.

A R T. I I.

Défenfes font faites à toutes Communautés d'habitans, fous le prétexte de droit de propriété, d'ufurpation , & fous tout autre quelconque , de fe mettre en poffeffion , par voie de fait , d'aucuns des bois , pâturages , terres vagues & vaines dont elles n'auroient pas eu la poffeffion réelle au 4 Août dernier , fauf auxdites Communautés à fe pourvoir , par les voies de droit , contre les ufurpations dont elles croiroient avoir droit de fe plaindre.

Lettres-patentes du 26 Février 1790 , fur le Décret du 23 Février 1790.

A R T. I I I.

Les Officiers Municipaux emploieront tous les moyens que la confiance publique met à leur difpofition pour la protection efficace des propriétés publiques & particulières , & des perfonnes , & pour prévenir & diffiper tous les obftacles qui feroient apportés à la perception des impôts ; & fi la fûreté des perfonnes , des propriétés & la perception des impôts étoient mifes en danger par des attroupemens féditieux , ils feront publier la Loi Marciale.

Lettres-patentes du 28 Mars 1790, fur un Décret du 15 Mars 1790.

T I T R E I I I.

A R T. V

Aucune Municipalité , aucune Adminiftration de Diftrict ou de Département , ne pourront , à peine de nullité , de prife-à-partie , & de dommages & intérêts, prohiber la perception d'aucuns des droits feigneuriaux dont le paiement fera réclamé, fous prétexte qu'ils fe trouveroient implicitement ou explicitement fupprimés fans indemnité, fauf aux parties intéreffées à fe pourvoir, par les voies de droit ordinaires, devant les Juges qui doivent en connoître.

Proclamation du Roi, pour le rétabliffement de la tranquil-lité & du bon ordre.

Du 28 Mai 1790.

Jamais des circonftances plus impérieufes n'ont invité tous les François à fe réunir dans un même efprit, à fe rallier avec courage autour de la Loi, & à favorifer de tout leur pouvoir l'établiffement de la Conftitution. Nous n'avons rien négligé pour infpirer ces fentimens à tous les citoyens; Nous leur avons nous-mêmes donné l'exemple de la confiance la moins équivoque dans les Repréfentans de la Nation, & de nos difpofitions conf-tantes pour tout ce qui peut concourir au bonheur de nos Sujets, & à la profpérité de la France.

Seroit-il donc poffible que des ennemis du bien pu-blic cherchaffent encore à troubler les travaux impor-tans dont l'Affemblée Nationale eft occupée de concert avec Nous, pour affurer les droits du peuple & pré-parer fon bonheur; que l'on effayât d'émouvoir les efprits, foit par de vaines terreurs & de fauffes inter-prétations des Décrets de l'Affemblée Nationale, ac-ceptés ou fanctionnés par Nous, foit en entreprenant d'infpirer fur nos intentions, des doutes auffi mal fon-dés qu'injurieux, & en voilant des intérêts ou des paf-fions privées, du nom facré de la Religion!

Une oppofition fi coupable nous affligeroit fenfible-ment, en même-temps qu'elle exciteroit toute notre animadverfion. L'objet continuel de nos foins eft de prévenir & de réprimer tout ce qui en porteroit le caractère. Nous avons même jugé digne de notre sollicitude paternelle, d'interdire jusqu'aux signes qui seroient propres à manifester des divisions & des partis.

Mûs par ces considérations, & instruits qu'en divers lieux du Royaume, des particuliers se seroient permis de porter des cocardes différentes de la cocarde nationale que nous portons Nous-mêmes, & considérant les inconvéniens qui peuvent résulter de cette diversité, Nous avons cru devoir l'interdire : En conséquence, faisons défenses à tous nos fidèles Sujets, & dans toute l'étendue de notre Royaume, de faire usage d'aucune autre cocarde que de la cocarde nationale.

Exhortons tous les bons Citoyens à s'abstenir dans leurs discours, comme dans leurs écrits, de tous reproches ou qualifications capables d'aigrir les esprits, de fomenter la division, & de servir même de prétexte à de coupables excès. Donné à Paris le 28 Mai mil sept cent quatre-vingt-dix. *Signé*, LOUIS. *Et plus bas*, par le Roi, DE SAINT-PRIEST.

Lettres-Patentes du Roi, sur un Décret de l'Assemblée Nationale, concernant les Assemblées électorales.

Données à Paris, le 28 Mai 1790.

LOUIS, par la grâce de Dieu, & par la Loi constitutionnelle de l'Etat, *Roi des François*: A tous présens & à venir; SALUT. l'Assemblée Nationale a décrété le 28 de ce mois, & Nous voulons & ordonnons ce qui suit :

ARTICLE PREMIER.

Les Assemblées électorales pourront accélérer leurs opérations, en arrêtant à la pluralité des voix, de se partager en plusieurs Bureaux composés au moins de cent Electeurs pris proportionnellement dans les différens Districts, qui procéderont séparément aux élections, & qui députeront chacun deux Commissaires chargés de faire ensemble le recensement des scrutins.

II. Les Bureaux procéderont tous, au même moment, aux élections.

III. Tout Bulletin qui aura été apporté dans les Assemblées, & qui n'aura pas été ou écrit par le votant lui-même, sur le bureau, ou dicté par lui aux Scrutateurs, s'il ne sait pas écrire, sera rejeté comme nul.

IV. Après le Serment civique prêté par les Membres de l'Assemblée, dans les mêmes termes ordonnés par le Décret du 4 Février dernier, le Président de l'Assemblée, ou de chacun des Bureaux, prononcera, avant de commencer les Scrutins, cette formule de Serment: *Vous jurez & promettez de ne nommer que ceux que vous aurez choisis en votre âme & conscience, comme les plus dignes de la confiance publique, sans avoir été déterminés par dons, promesses, sollicitations ou menaces?* Cette formule sera écrite en caractères très-visibles, & exposée à côté du vase du Scrutin. Chaque Citoyen apportant son bulletin, levera la main, & en le mettant dans le vase, prononcera à haute voix: *Je le jure.*

Le même serment sera prêté dans toutes les élections des Juges & Officiers municipaux, & Députés à l'Assemblée Nationale.

V. Aucun Citoyen reconnu actif, de quelque état & profession qu'il soit, ne pourra être exclus des Assemblées primaires. Il ne pourra y être admis que des Citoyens actifs. Ils assisteront aux Assemblées primaires & électorales sans aucunes espèces d'armes ni bâtons; une Garde de sûreté ne pourra être introduite dans l'intérieur fans le vœu exprès de l'Affemblée, fi ce n'eft qu'on y commît des violences; auquel cas l'ordre du Préfident fuffira pour appeler la force publique. Le Préfident pourra auffi, en cas de violences, lever feul la féance : autrement elle ne pourra être levée fans avoir pris le vœu de l'Affemblée.

VI. Les Affemblées électorales ne s'occuperont que des élections & des objets qui leur font renvoyés par les Décrets de l'Affemblée Nationale que Nous avons fanctionnés ou acceptés; elles ne prendront aucune délibération fur les matières de légiflation ou d'adminiftration, fans préjudice des pétitions qui pourront être préfentées par les Affemblées tenues en la forme autorifée par l'article LXII du Décret par Nous accepté, fur les Municipalités.

MANDONS & ordonnons aux Tribunaux, Corps adminiftratifs & Municipalités, que les Préfentes ils faffent tranfcrire fur leurs regiftres, lire, publier & afficher dans leurs Refforts & Départemens refpectifs, & exécuter comme Loi du Royaume. En foi de quoi nous avons figné & fait contre-figner cefdites préfentes, auxquelles nous avons fait appofer le Sceau de l'Etat. A Paris, le vingt-huitième jour du mois de Mai, l'an de grace mil fept cent quatre-vingt-dix, & de notre règne le dix-feptième. *Signé* LOUIS. *Et plus* Aus : Par le Roi, DE SAINT-PRIEST. E; fcellées du Sceau de l'Etat.

Lettres-Patentes du Roi, fur le Décret de l'Affemblée Nationale, du 24 du préfent mois, portant prorogation jufqu'au 15 Août prochain, terme fixé par les Lettres-Patentes du 24 Avril dernier, pour la converfion des billets de la Caiffe d'Efcompte en Affignats.

Données à Paris, le 29 Mai 1790.

LOUIS, par la grace de Dieu, & par la Loi conftutionnelle de l'Etat, Roi des François : A tous ceux qui ces préfentes Lettres verront ; SALUT. Par nos Lettres-Patentes du 22 Avril dernier, données fur le Décret de l'Affemblée Nationale du 17 du même mois, il a été ordonné que les Billets de la Caiffe d'Efcompte feroient fonction d'Affignats jufqu'au quinze Juin 1790, & qu'ils feroient changés pendant cet intervalle contre des Affignats portant intérêt à trois pour cent, à compter du 15 Avril de la même année, & que, faute par les Porteurs defdits Billets de la Caiffe d'Efcompte, d'avoir fatisfait à cette Loi dans le courant de cette époque, il ne leur feroit plus tenu compte des intérêts qu'à partir du moment de la préfentation.

L'Affemblée Nationale s'étant fait rendre compte par fes Commiffaires, des retards inévitables qu'a éprouvés la fabrication defdits Affignats, tant par les précautions à prendre pour la fûreté publique, que par les fignatures néceffaires à y appofer, a décrété le 24 du préfent mois, & Nous voulons & ordonnons que le terme de rigueur qui avoit été fixé pour ces échanges au 15 de Juin, foit prorogé jufqu'au 15 d'Août de la préfente année, & que cependant les intérêts courent & foient toujours comptés à partir du 15 d'Avril dernier.

MANDONS & ordonnons à tous les Tribunaux, Corps
administratifs & Municipalités, que les présentes ils
fassent transcrire sur leurs registres, lire, publier &
afficher dans leurs Ressorts & Départemens respectifs,
& exécuter comme Loi du Royaume. En foi de quoi
Nous avons signé & fait contresigner cesdites présentes,
auxquelles Nous avons fait apposer le Sceau de l'Etat.
A Paris, le vingt-neuvième jour du mois de Mai, l'an
de grâce mil sept cent quatre-vingt-dix, & de notre
règne le dix-septième. *Signé* LOUIS. *Et plus bas*, par
le Roi, DE SAINT-PRIEST. Vu au Conseil, LAMBERT.
Et scellées du Sceau de l'Etat.

*Lettres-Patentes du Roi, sur un Décret de l'Assemblée
Nationale, qui ordonnent l'exécution des différens Décrets, sanctionnés par le Roi, relatifs à la libre circulation des Grains dans le Royaume, & défendent à
toutes personnes d'exiger que le prix du Grain soit
taxé au-dessous du prix courant.*

Données à Paris le 30 Mai 1790.

LOUIS, par la grace de Dieu, & par la Loi constitutionnelle de l'Etat, *Roi des François :* A tous ceux
qui ces présentes Lettres verront ; SALUT. L'Assemblée
Nationale, informée par les procès-verbaux qui lui ont
été envoyés par la Municipalité de Montbrison en Forez, & par celle de Montesquet & du Donjon, &
autres lieux en Bourbonnois, de différens attroupemens
& émeutes qui ont eu lieu les 10 & 11 de ce mois &
jours suivans, pour obtenir que le prix du grain fût
taxé par les Municipalités à un taux au-dessous du prix
courant, & que dans les Provinces du Forez & du Bour-

bonnois, on apporte de l'obstacle à la libre circulation des grains dans le Royaume; l'Assemblée, persistant dans les Décrets rendus les 29 Août 1789, 18 Septembre & 5 Octobre suivans, relatifs à la libre circulation des grains dans le Royaume, a décrété, le 27 de ce mois, que Nous serions supplié de faire défendre à toutes personnes d'exiger que le prix du grain soit taxé, à peine, par les contrevenans, d'être poursuivis & punis suivant la rigueur des Loix, & de faire donner des ordres pour que les auteurs & instigateurs de ces désordres soient poursuivis.

Ce considérant, Nous avons ordonné & ordonnons que les susdits Décrets du 29 Août, 18 Septembre & 15 Octobre 1789, par Nous sanctionnés, seront exécutés suivant leur forme & teneur.

Défendons à toutes personnes d'exiger que le prix du grain soit taxé, à peine, par les contrevenans, d'être poursuivis & punis suivant la rigueur des Loix. En conséquence, voulons que les auteurs & instigateurs des différens attroupemens & émeutes qui ont eu lieu les 10, 11 de ce mois & jours suivans, dans les Provinces de Forez & de Bourbonnois, soient poursuivis.

Mandons & ordonnons à tous les Tribunaux, Corps administratifs & Municipalités, que les présentes ils fassent transcrire sur leurs registres, lire, publier & afficher dans leurs Ressorts & Départemens respectifs, & exécuter comme Loi du Royaume. En foi de quoi Nous avons signé & fait contre-signer cesdites présentes, auxquelles nous avons fait apposer le sceau de l'Etat. A Paris, le trentième jour du mois de Mai, l'an de grâce mil sept cent quatre-vingt-dix, & de notre règne le dix-septième. *Signé*, LOUIS. *Et plus bas*, par le Roi, DE SAINT-PRIEST. Et scellées du Sceau de l'Etat.

Lettres-Patentes du Roi, sur le Décret de l'Assemblée Nationale du 25 Mai 1790, portant injonction aux Municipalités qui sont en retard, de former leurs rôles d'Impositions de la présente année 1790, de les terminer dans le délai de quinze jours, à peine par lesdits Officiers Municipaux de demeurer garants & responsables du Recouvrement des Impositions de leur Communauté ;

Et concernant la vérification & rectification des inégalités, erreurs ou doubles emplois qui auroient eu lieu dans la répartition des Impositions de 1790, entre différentes Municipalités.

Données à Paris le 30 Mai 1790.

LOUIS, par la grace de Dieu, & par la Loi constitutionnelle de l'État, Roi des François : A tous ceux qui ces présentes Lettres verront ; SALUT. L'Assemblée Nationale a décrété, le 25 Mai présent mois, & Nous voulons & ordonnons ce qui suit :

ARTICLE PREMIER.

Les Municipalités & autres Asséeurs chargés de la confection des Rôles, qui n'ont pas encore procédé à la répartition des impositions ordinaires de 1790, seront tenus de la terminer dans le délai de quinze jours à compter de la publication des présentes ; & les Officiers qui ont dû, jusqu'à présent, en faire la vérification & les rendre exécutoires, ou ceux qui, à leur défaut, ou en cas de refus, ont été autorisés par nos Lettres-

patentes du 7 Mai préfent mois, fur le Décret de l'Affemblée Nationale du 27 Avril précédent, à les vérifier, feront tenus de les rendre exécutoires fans retard; faute de quoi lefdits Officiers Municipaux chargés de la confection des rôles, ou autres Officiers chargés de la vérification d'iceux, demeureront garants &
refponfables du retard qui réfulteroit dans le recouvrement des impofitions de chaque Communauté.

II. Auffi-tôt que les Affemblées adminiftrative feront
établies, les Départemens veilleront à ce que dans chaque Diftrict, il foit nommé des Commiffaires à l'effet de vérifier les plaintes qui leur feroient adreffées
fur les inégalités, erreurs ou doubles emplois qui auroient été commis dans la répartition des Impofitions
ordinaires de la préfente année 1790 entre les différentes Municipalités; lefdits Commiffaires en dreffe-
ront leur procès-verbal, & en feront leur rapport au
Directoire du Diftrict, qui le portera devant le Directoire du Département, & y joindra fon avis, pour
par le Directoire de Département, en rendre compte
au Corps légiflatif, en lui propofant les mefures qu'il
croira les plus convenables pour réparer lefdites furta-
xes, erreurs ou doubles emplois, & être enfuite par
l'Affemblée Nationale décrété, & par Nous ordonné
ce qu'il appartiendra.

Mandons & ordonnons à tous les Tribunaux, Corps
adminiftratifs & Municipalités, que les Préfentes ils faffent tranfcrire fur leurs Regiftres, lire, publier & afficher dans leurs Reffors & Départemens refpectifs, &
exécuter comme Loi du Royaume. En foi de quoi Nous
avons figné & fait contre-figner cefdites Préfentes, auxquelles Nous avons fait appofer le Sceau de l'Etat. A
Paris, le trentième jour du mois de Mai, l'an de grace

mil fept cent quatre-vingt-dix, & de notre règne le dix-
feptième. *Signé*, LOUIS. *Et plus bas*, par le Roi, de
SAINT-PRIEST. Vu au Confeil, LAMBERT. Et fcellées
du Sceau de l'Etat.

*Lettres patentes du Roi, fur le Décret de l'Affemblée
Nationale, concernant l'Affiette des Impofitions ordinaires de la ville Paris, de l'année 1790.*

Données à Paris, le 29 Avril 1790.

LOUIS, par la grâce de Dieu, & par la Loi conftitutionnelle de l'Etat, *Roi des François* : A tous préfens
& à venir ; SALUT. l'Affemblée Nationale, d'après le
compte qui lui a été rendu par fon Comité des Finances, du régime qui a exifté par le paffé, pour l'affiette
des Impofitions ordinaires de la ville de Paris, a reconnu que, pour remplir l'efprit de fes Décrets des 16
Septembre & 18 Novembre 1789, concernant les Impofitions de 1790, il devenoit indifpenfable d'en déterminer plus précifément les bafes pour l'affiette des
Impofitions ordinaires de la préfente année 1790 : en
conféquence elle a décrété le 18 de ce mois, & Nous
voulons & ordonnons ce qui fuit :

ARTICLE PREMIER.

Tous les habitans de la ville de Paris, indiftinctement, feront compris dans le même Rôle, pour l'impofition ordinaire à payer par chacun d'eux pour la préfente année 1790 ; le montant des locations fera l'unique bafe de la fixation des taxes toutes les fois que
le Contribuable n'aura point de voiture.

II. Lefdites taxes feront réglées ; favoir, pour les
loyers au-deffous de cinq cents livres, à raifon de

neuf deniers pour livre du montant desdits loyers; pour ceux de cinq cents livres & au-dessus, jusqu'à moins de sept cents livres, à raison du sou pour livre, ou du vingtième des loyers; & enfin, pour ceux de sept cents livres & au-dessus, à raison du quinzième du montant des locations; le tout avec deux sous pour livre, additionnels seulement, au lieu des quatre sous pour livre qui étoient précédemment perçus. Les taxes des simples journaliers seront réduites de trente six sous, à quoi elles étoient fixées par le passé, à vingt-quatre sous seulement, sans aucuns accessoires.

III. Il ne sera dérogé aux proportions réglées par l'article précédent, que pour les Contribuables ayant une voiture, soit à deux chevaux, soit à un seul cheval, lesquels ne pourront être imposés, les premiers, à moins de cent cinquante livres de principal, & les seconds à moins de cent livres aussi de principal; mais la base du loyer sera préférée toutes les fois qu'il en résultera une cotisation excédant les fixations ci-dessus déterminées.

IV. Il sera ajouté à chaque cotte ainsi réglée, à l'exception de celles relatives à des loyers au-dessous de cinq cents livres; savoir, deux sous pour livre à celles provenant des loyers de cinq cents livres & au-dessus, jusqu'à moins de sept cents livres, & quatre sous pour livre, à celles relatives à des loyers de sept cents livres & au-dessus, pour tenir lieu de la taxe individuelle à laquelle les domestiques étoient ci-devant imposés.

V. Les Rôles des Impositions de la ville de Paris seront encore, pour la présente année 1790, arrêtés & rendus exécutoires, ainsi & de la même manière que l'ont été ceux de l'année 1789.

VI. Les contribuables qui auroient des réclamations à faire contre leur cotisation dans les rôles de 1790, se pourvoiront, jufqu'à ce qu'il en ait été autrement ordonné, par-devant le Comité compofé des Confeillers-Adminiftrateurs de la ville de Paris, au Département des Impofitions, lequel, préfidé par le Maire, ou, en fon abfence, par le Lieutenant de Maire, ftatuera fur lefdites réclamations, provifoirement & fans frais, conformément au Décret de l'Affemblée Nationale du 15 Décembre 1789, concernant le jugement des conteftations relatives aux Impofitions de ladite année 1789 & années antérieures.

MANDONS & ordonnons à tous les Tribunaux, Corps adminiftratifs & Municipalités, que les préfentes ils faffent tranfcrire fur leurs Regiftres, lire, publier & afficher dans leurs Refforts & Départemens refpectifs, & exécuter comme Loi du Royaume. En foi de quoi Nous avons figné & fait contre-figner ces préfentes, auxquelles Nous avons fait appofer le Sceau de l'Etat. A Paris, le vingt-neuvième jour du mois d'Avril, l'an de grâce mil fept cent quatre-vingt-dix, & de notre règne le feizième. Signé LOUIS. Et plus bas, Par le Roi, DE SAINT PRIEST. Vu au Confeil, LAMBERT. Et fcellées du Sceau de l'Etat.

TABLE

ALPHABÉTIQUE,

DES Décrets fanctionnés ou acceptés par le
Roi.

IIIᵉ· PARTIE.

─────────────

A

ACTES relatifs aux élections des Municipalités, Corps
adminiftratifs, Délibérations. *Voyez* contrôle, papier
timbré.

Adjoints. Voyez *Procédure criminelle.*

Adreffe de l'Affemblée Nationale aux François, p. 10.
Sur l'émiffion des Affignats-monnoie, 57 *& fuiv.*

Agneaux, p. 88.

Agriers, p. 89, 91.

Alby, p. 78.

Amiens, p. 81.

Affemblée. Aucun Membre de l'Affemblée Nationale ne
pourra affifter comme Électeur à celles de Diftrict & de
Département, p. 125.

Affemblées de Diftrict: pourvoiront à ce qu'il foit facile
aux Religieux de fe rendre à leur domicile, p. 50.

Affemblées Électorales; difpofitions à obferver dans
icelles, p. 133.

Affemblée Nationale. Difcours du Roi à cette Affemblée le 4 Février 1790, p. 1 *& fuiv.* l'Affemblée
Nationale aux François, 10; Adreffe aux François
fur

Recueil de Décrets. III Partie. **K**

E.

F

K 3

G.

J.

Journées d'hommes, de chevaux, bêtes de travail, de somme & de voitures, p. 89; chaque Directoire formera un tableau estimatif du prix de ces objets, 89; quel usage sera fait de ce tableau, 89.

Juge. Voyez *Procédure Criminelle.*

L.

M.

S.

T.

V.

Fin de la Table.

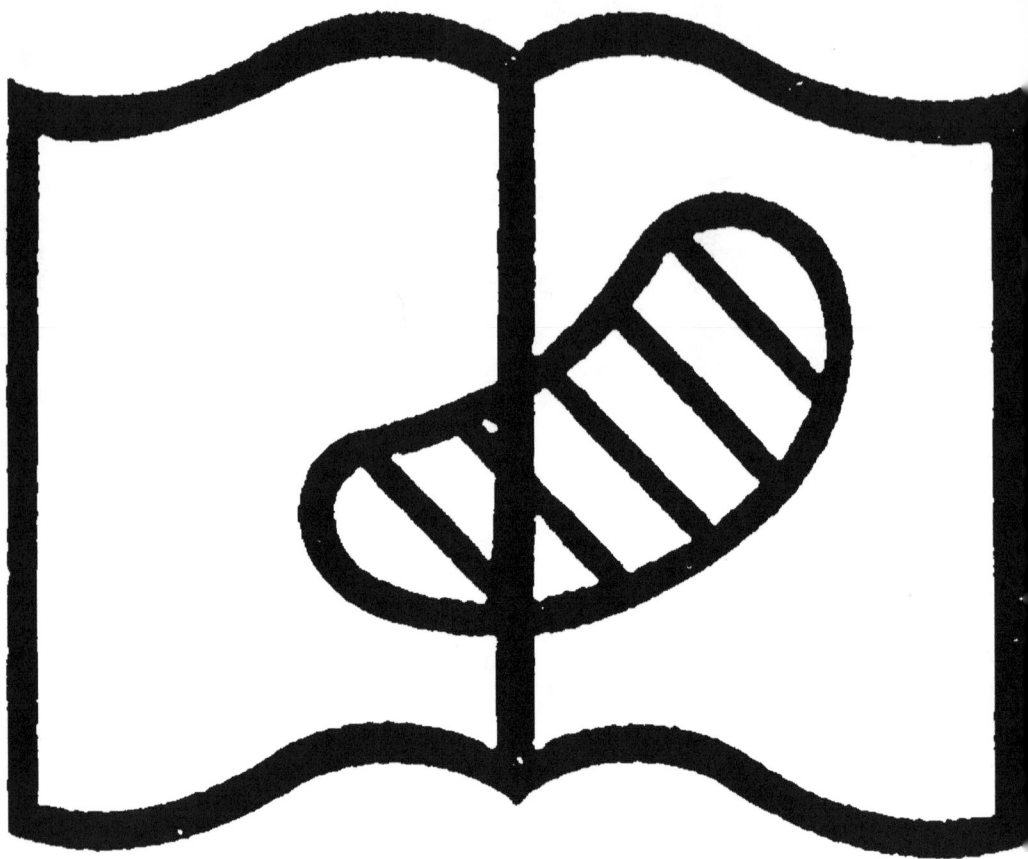

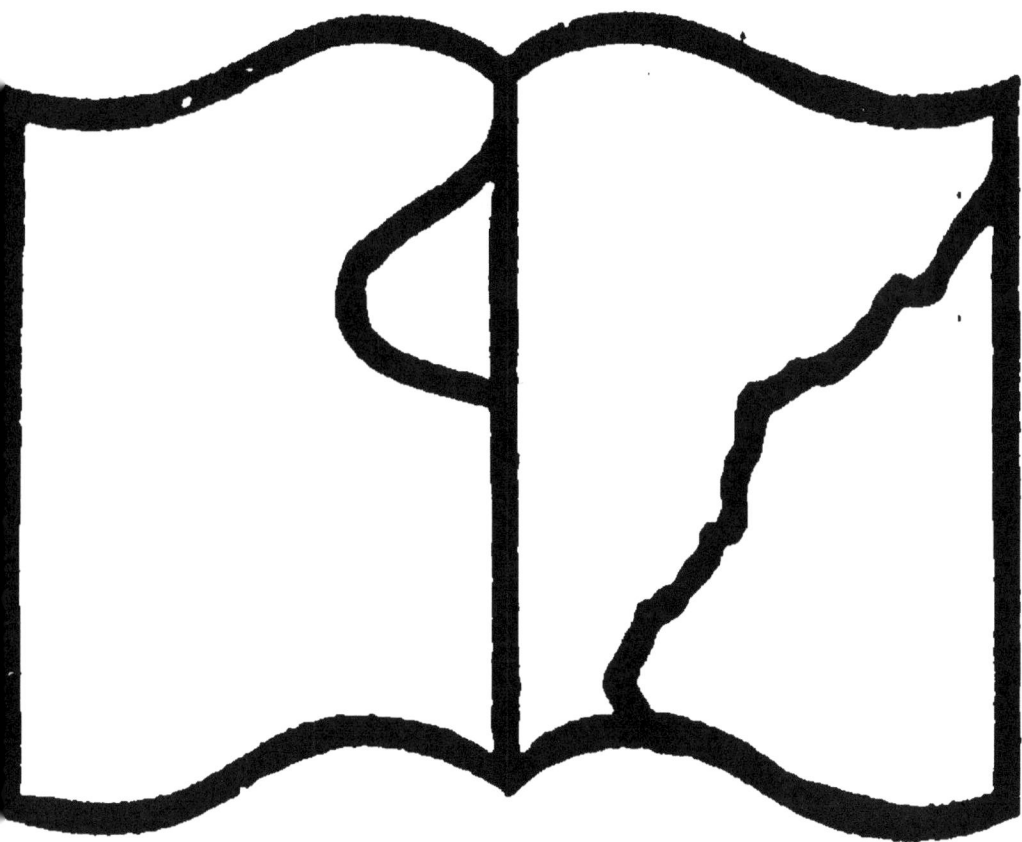

Texte détérioré — reliure défectueuse
NF Z 43-120-11

www.ingramcontent.com/pod-product-compliance
Lightning Source LLC
Chambersburg PA
CBHW071841200326
41519CB00016B/4194